Chicago auf einen Blick

0 — 1 km

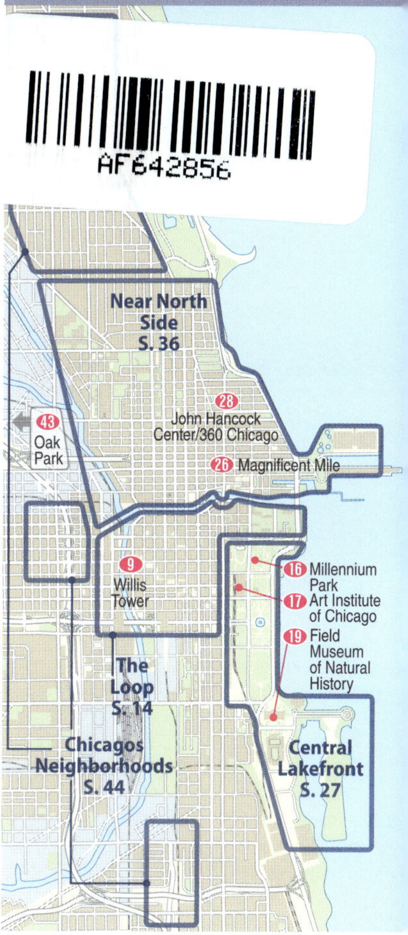

MEIN TIPP

Vor der Reise erledigen

Es empfiehlt sich, speziell in der Hauptsaison, für große **Museen** wie Field Museum (19), Art Institute (17) oder John G. Shedd Aquarium (20) und auch für **Aussichtsplattformen** wie 360 Chicago (28) oder Skydeck (s. S. 22) Tickets im Vorfeld online zu besorgen. Auch den **CityPASS** (s. S. 60) erwirbt man am besten im Voraus.

Vorwahlen

Die Vorwahl für die USA lautet **01.** Ein **area code,** 312 (Downtown/Loop) bzw. 773 oder übergreifend 872 (Großraum), geht der sieben- bzw. elfstelligen Rufnummer voraus und muss auch bei Ortsgesprächen mitgewählt werden. Manchmal muss man vorher noch eine 1 wählen.

Abkürzungen

Abgesehen von den Abkürzungen für Himmelsrichtungen (North, South, East, West), Tage, Monate etc. wurden folgende verwendet:

- Ave. – Avenue
- Blvd. – Boulevard
- Dr. – Drive
- Rd. – Road
- Pkwy. – Parkway
- Sq. – Square
- bei Adressangaben steht „/" für „Ecke" und „-" für „zwischen"

Updates zum Buch

www.reise-know-how.de/citytrip/chicago24

Der Schmetterling ...

... zeigt an, wo man Angebote im Bereich des nachhaltigen Tourismus findet.

Bewertung der Sehenswürdigkeiten

★★★ nicht verpassen
★★ besonders sehenswert
★ wichtig für speziell interessierte Besucher

Der Riverwalk am Chicago River (s. S. 38, Foto: 081ch Abb.: mb)

FALTPLAN

»Schreiben Sie uns!

Wir hoffen, dass Ihnen dieser Reiseführer gefällt und er Ihnen ein guter Begleiter auf einer außergewöhnlichen und spannenden Reise ist.

Weil ein Reiseführer von Erfahrungen lebt, sind wir an Ihren Erlebnissen interessiert: Haben Sie im Buch ein Restaurant entdeckt, das es nicht mehr gibt, eine Sehenswürdigkeit, die wir noch nicht aufgeführt haben, oder eine falsche Adresse? Dann schreiben Sie uns!

Wir nehmen jeden Hinweis und jede Kritik ernst und arbeiten kontinuierlich daran, die Bücher aktuell zu halten und immer weiter zu verbessern. Auch wenn wir nicht jeden Wunsch erfüllen können, machen wir uns immer Gedanken über Ihre Anmerkungen.

Schreiben Sie an: info@reise-know-how.de oder Reise Know-How Verlag Peter Rump GmbH, Postfach 140666, 33626 Bielefeld

Wenn sich Ihre Infos direkt auf das Buch beziehen, bitten wir um die Angabe der Seitenzahl und der Auflagennummer bzw. des Erscheinungsjahres. Besonders hilfreiche Beiträge belohnen wir mit einem Sprachführer Ihrer Wahl aus unserer „Kauderwelsch"-Reihe.

Herzlichen Dank und gute Reisen
Ihr Reise Know-How Verlag

Diesem Buch wurde hier ein herausnehmbarer Faltplan beigefügt.
Sollte er beim Erwerb des Buches nicht mehr vorhanden sein, fragen Sie bitte bei Ihrem Buchhändler nach.

Liebe Leserin, lieber Leser,

ein unabhängiger Verlag für unabhängig Reisende – das sind wir, der Reise Know-How Verlag aus Bielefeld, eines der letzten Familienunternehmen in der Branche. Obwohl wir zu den größten Reiseführerverlagen Deutschlands gehören, ist der familiäre Umgang miteinander in allen Bereichen des Verlagslebens zu spüren: In der Geschäftsführung in zweiter Generation, in einer wertschätzenden Arbeitsatmosphäre, in der Nähe zu unseren frei arbeitenden Autorinnen und Autoren, im engen Austausch mit unseren Leserinnen und Lesern – und auch in der Zusammenarbeit mit Druckereien in Deutschland, in denen wir ausschließlich und regional unsere Bücher produzieren. Die sollen schließlich erst mit Ihnen auf große Reise gehen.

Alles, was wir in unsere Bücher und Landkarten stecken, soll Ihnen eines ermöglichen: Auf Ihre ganz eigene, individuelle Weise die Welt zu entdecken. Wir wünschen Ihnen viel Freude und unvergessliche Erlebnisse mit diesem Reiseführer.

Es grüßen herzlich
Peter Rump & Wayan Rump

Unikat zwischen zwei Welten

Chicago liegt zwischen zwei Welten: der dicht bevölkerten Region um die Great Lakes und den sich bis zu den Rocky Mountains erstreckenden Weiten der Prärie. An diesem Schnittpunkt entstand eine faszinierende Stadt, die ein hemdsärmeliger „Hauruck-Optimismus" auszeichnet, eher solide-bodenständig als hip und schick wie New York oder San Francisco.

Seit unserer ersten Reise nach Chicago Anfang der 1990er-Jahre konnten wir mitverfolgen, wie sich die industriell geprägte „Windy City", die Stadt der Schlachthöfe und Gangster, in ein Schmuckstück am Lake Michigan verwandelte. Abgesehen von den Wolkenkratzern – Chicago ist ein kontinuierlich fortgeschriebenes Handbuch der Architektur – mauserte sich die Stadt zur grünen Metropole, die den Freizeitwert von See und Fluss erkannte und Promenaden und Grünflächen wie den vielseitigen Millenium Park 16, The 606 42 oder die Wild Mile (s. S. 82) schuf.

Ungewöhnlich ist der ethnische Mix mit großen deutschen, polnischen, mexikanischen sowie afroamerikanischen Bevölkerungsanteilen und die bunten Neighborhoods, v. a. Wicker Park/Bucktown 42, Old Town 32, der West Loop (s. S. 45) oder Andersonville (s. S. 67). Während früher Deep Pan Pizza und Hotdogs vorherrschten, hat die kulinarische Szene zuletzt enorm aufgeholt. Musikalisch genießt die „Stadt des Blues" seit jeher einen guten Ruf und auch im Sport – mit Bulls, Blackhawks, Cubs, White Sox und Bears verfügt man über fünf Profiteams – mischt man meist oben mit.

Chicago hat viel zu bieten und ist eine unterschätzte Perle. Schon Otto von Bismarck wollte Ende des 19. Jh. dorthin reisen – „Ich wollte, ich könnte nach Amerika fahren, und wäre es nur, um Chicago zu sehen" – und wir hoffen, Sie mit diesem CityTrip zu animieren, es bald zu tun.

Die Autoren

Margit Brinke und **Peter Kränzle** sind promovierte Klassische Archäologen, die es früh in die Ferne zog. Seit vielen Jahren regelmäßig in den USA unterwegs, konnten sie sich als freie Journalisten und Autoren einen Namen im Sport- und vor allem Reisejournalismus machen. Inzwischen liegen über 100 Publikationen im Reise-, Kultur- und Sportbereich bei verschiedenen Verlagen vor, darunter allein neun USA-CityTrips im Reise Know-How Verlag. Ihre Artikel erscheinen regelmäßig in diversen Zeitungen, Magazinen und auf Websites. Auf dem eigenen Blog http://travelingtramps.blogspot.com berichten sie zudem von ihren Erlebnissen unterwegs. 2018 erhielten sie den bedeutenden „IPW Travel Writer Award" der U.S. Travel Association.

080ch-mb

Inhalt

Cleveres Nummernsystem

Die Sehenswürdigkeiten sind im Text und im Kartenmaterial mit derselben **magentafarbenen ovalen Nummer** 1 markiert. Alle anderen Lokalitäten wie Geschäfte, Restaurants usw. tragen ein **Symbol und eine fortlaufende rote Nummer** (1). Die Liste aller Orte und die Zeichenerklärung befinden sich im Anhang.

Planquadrat im Kartenmaterial

[A1] Orte ohne diese Angabe liegen außerhalb unserer Karten. Ihre Lage kann aber wie die aller Ortsmarken mithilfe der begleitenden Web-App angezeigt werden (s. Anhang).

NICHT VERPASSEN!

9 Willis Tower [B6]
Das Wahrzeichen der Stadt nimmt wegen seiner schlicht-modernen Ästhetik eine architektonische Sonderstellung ein und bietet dazu einen grandiosen Ausblick von der Aussichtsplattform (s. S. 21).

16 Millennium Park [D6]
Grünflächen, ein Café, ein Theater, eine Freilichtbühne, ein botanischer Garten, ein ungewöhnlicher Brunnen und eine Stahlplastik in Form einer Bohne machen den Millennium Park zu einem der attraktivsten Stadtparks der Welt (s. S. 27).

17 Art Institute of Chicago [D6]
Das Art Institute zählt zu den besten Kunstmuseen in den USA. Über 300.000 Objekte verteilen sich auf mehrere Gebäudeteile (s. S. 30).

19 Field Museum of Natural History [E9]
Das „Field" gehört zu den bedeutendsten naturgeschichtlichen Museen. Viel bestauntes Aushängeschild ist „Sue", das Skelett eines Tyrannosaurus Rex, das vor allem Kinder begeistert. Sehenswert sind aber auch die Abteilungen zu den Ureinwohnern (s. S. 32).

26 Magnificent Mile [D3]
Die „Mag Mile" – tatsächlich eine Meile (1,6 km) lang – zählt wie die Champs-Élysées oder die 5th Avenue zu den berühmtesten Einkaufsstraßen der Welt (s. S. 39).

28 John Hancock Center/360 Chicago [D2]
Der Ausblick vom 94. Stock ist grandios, dazu gibt es eine tolle Bar und die „immersive experience" TILT, eine im 30°-Winkel geneigte Glaswand, die eine spektakuläre Perspektive auf die Stadt ermöglicht (s. S. 41).

43 Oak Park [S. 53]
Der idyllische Villenvorort ist Geburtsort von Ernest Hemingway und war Wohnort und Wirkungsstätte des berühmtesten amerikanischen Architekten: Frank Lloyd Wright (s. S. 52).

CHICAGO ENTDECKEN

067ch Abb.: mb

„Ich bin auf eine Stadt gestoßen, eine richtige Stadt – und man nennt sie Chicago.“ Wie diese Bemerkung von Rudyard Kipling (1865–1936) zeigt, erregte die Stadt am Lake Michigan schon Ende des 19. Jh. Aufsehen. Doch nicht nur den britischen Schriftsteller haben die Besonderheit und Kuriositäten Chicagos fasziniert, längst lassen sich Besucher aus aller Welt von dieser imposanten „Gigantopolis“ verzaubern.

Die Erkundung Chicagos wird einem dank des gut ausgebauten **öffentlichen Nahverkehrs** leicht gemacht. Kernstück der Stadt ist der Loop mit seiner unvergleichlichen Hochhauskulisse, direkt daran schließt sich die Lakefront an, mit dem Millennium Park als Teil des Grant Parks. Auch die Einkaufsmeile, die „Mag Mile“, beginnt im Loop und die ihn umgebenden Viertel sind leicht per Hochbahn erreichbar.

Willkommen in Chicago

Auf den ersten Blick erscheint Chicago geschäftig wie andere Metropolen, aber man merkt rasch, dass hier die Uhren dann doch langsamer gehen als beispielsweise in New York. Selbst im Zentrum um Loop und Magnificent Mile hält sich der Andrang meist in Grenzen, erst recht in den Neighborhoods. Zur Pause bietet sich die malerische Lakefront an, die Promenade am Michigansee, oder der Riverwalk am Fluss.

Chicago ist die ideale Stadt für „Bummler“ oder Fußgänger. Die Attraktionen, Shops und Lokale befinden sich geballt in und um Loop, Magnificent Mile und Grant Park und das Meiste ist leicht zu Fuß oder aber mit dem gut ausgebauten Nahverkehr zu erreichen. Der **Grant Park** 18 stellt mit dem **Millennium Park** 16 die grüne Lunge der Stadt dar. Während sich Besucher im Millennium Park vor allem fotogen um **Cloud Gate** (Chicagoans nennen die Skulptur „Bean“) und **Crown Fountain** (besonders beliebt bei Kindern) drängeln, ist man im **Lurie Garden** weitgehend ungestört. Der Grant Park ist nicht nur wegen seiner Lage am Lake Michigan und wegen des Blicks auf die Skyline, Michigan Avenue Streetwall 14 genannt, unvergleichlich, er bietet auch Gelegenheit, sich auf Grünflächen oder an Sandstränden zu erholen oder die Uferpromenade entlangzuradeln.

Der **Loop** stellt einen einzigartigen Querschnitt durch sämtliche Epochen der Architekturgeschichte dar und es macht Spaß, die einzelnen Baustile und -details zu studieren und mit den entsprechenden Architekten in Verbindung zu bringen. Ungewöhnliche Perspektiven bieten sich v. a. am **Wacker Drive**, denn hier spiegeln sich moderne, sehenswerte Wolkenkratzer fotogen im Wasser des **Chicago River.** Der Fluss wiederum lädt zu einem Spaziergang entlang der Uferpromenade ein oder aber zu einer Boots- oder Kajaktour.

Was in New York die Fifth Avenue, ist in Chicago die **Magnificent Mile** 26 – das Nonplusultra des Einkaufsvergnügens, aber auch ideal zum Bummeln und Leutebeobachten. Zu den sehenswertesten **Neighborhoods** gehören in der North Side **Lincoln Park** 34, **Lakeview** mit **Northalsted (Boystown)** 35 und **Wrig-**

◁ *Vorseite: Der Chicago River wurde als Lebensader wiederbelebt*

003ch Abb.: mb

leyville (s. S. 46). Im Nordwesten bieten die Viertel **Bucktown** und **Wicker Park** 42 kuriose Läden, gemütliche Kneipen und Cafés. Angesagt ist **Andersonville** (s. S. 67) im Norden, geprägt von der LGBT-Community. **Chinatown** 38 im Süden dagegen ist asiatisch geprägt, während das westlich der Stadt gelegene **Oak Park** 43 ein Muss für Architekturfreunde ist.

Kurztrip nach Chicago

Chicago liegt am Schnittpunkt zwischen zwei Welten: am Ufer des Lake Michigan und zugleich am Rand der sich bis zu den Rocky Mountains westwärts ausdehnenden Prärie. Häufig ist es für Besucher nur ein Zwischenstopp auf einer größeren Rundreise, dabei könnte man in dieser faszinierenden Stadt mühelos mehrere Wochen verbringen, ohne dass es langweilig würde. Drei Tage Zeit sollte man sich auf alle Fälle für eine Erkundung nehmen.

Chicagos **Innenstadt** zwischen Chicago River und Lake Michigan, Loop und River North ist überschaubar und leicht zu erkunden. Dennoch kann die Vielzahl an Attraktionen und Museen, Shops und Touren Besucher schnell überfordern. Man sollte sich daher von Anfang an klar sein: Es muss, abhängig von Interessen, Konstitution, Finanzen, von Reisezeit und Wetter, eine Auswahl getroffen werden.

Es empfiehlt sich, in der Stadt auf einen Mietwagen zu verzichten, denn vieles kann gut **zu Fuß** bzw. **mit dem öffentlichen Nahverkehr** – vor allem mit der Hochbahn („L") – erreicht werden. Auch mit dem **Fahrrad** kommt man dank des gut ausgebauten Radwegenetzes gut voran: Chicago gilt als eine der fahrradfreundlichsten Städte der USA.

⊼ Beliebt zur Mittagspause: die Daley Plaza 6 *mit ihrem Brunnen*

1. Tag: zwischen Loop und Mag Mile

Chicagos Zentrum breitet sich zwischen dem **Loop** (s. S. 14) und der **Magnificent Mile** 26 aus und dieses Areal ist ideal für einen ersten „Kennenlernbummel“ (siehe Stadtspaziergang S. 12). Dabei stößt man nicht nur auf Beispiele wegweisender Hochhausarchitektur, für Kunstliebhaber ist auch das an der Michigan Avenue gelegene **Art Institute of Chicago** 17 ein Muss. Die zentrale Achse **Michigan Avenue** 14 lockt dagegen vor allem in ihrem nördlichen Abschnitt zum Einkaufen und Ausgehen.

Für die ganze Familie spannend ist der **Navy Pier** 29 mit Läden, Lokalen, einem Glasmuseum und Vergnügungsangebot, z. B. einem Riesenrad. Gut geeignet zum Verweilen ist der **Chicago Riverwalk** (s. S. 38), aber auch der **Millennium Park** 16 oder z. B. der **Oak Street Beach** (s. S. 41) eignen sich für eine Pause.

Zum Ausgehen am Abend böten sich die schnell und leicht per Bahn erreichbaren Viertel **River North** (s. S. 36, entlang der State St.) und **Fulton Market District/West Loop** (Randolph St. [A5]) an. Dort gibt es Foodhalls, Restaurants, Bars und Cafés in Hülle und Fülle.

2. Tag: Grant Park und die Museen

Die **Lakefront** (s. S. 27), Teil von Chicagos grüner Promenade entlang dem Ufer des Lake Michigan, mit dem zentralen **Grant Park** 18 steht im Mittelpunkt des zweiten Besuchstags. Die Attraktion ist jedoch der **Millennium Park** 16 mit dem Crown Fountain und dem ungewöhnlichen Kunstwerk Cloud Gate („Bean“ genannt), dem Pritzker Music Pavilion und dem **Maggie Daley Garden.** Vom Lurie Garden, einem botanischen Garten, führt der Nichols Bridgeway als Fußgängerbrücke zum modernen Anbau des **Art Institute of Chicago**, das immer einen Besuch lohnt.

Im Zentrum des Grant Park steht der viel fotografierte **Clarence F. Buckingham Memorial Fountain.** Südwärts schließt sich der **Burnham Park** [E9] an, der 1933 als Teil des Weltausstellungsareals entstand. In dieser Grünanlage, dem Museum Campus, befindet sich mit dem **Soldier Field** 22 nicht nur das Football-Stadion der Stadt, sondern es gibt gleich drei weitere Sehenswürdigkeiten: das **John G. Shedd Aquarium** 20, eines der größten Aquarien der Welt, das **Adler Planetarium** 21 und als Highlight das **Field Museum of Natural History** 19. Von der zentralen Freitreppe des Museums bietet sich zugleich ein fantastischer Blick auf die Lakefront und die Skyline vom Loop bis hinüber zum **Navy Pier:** „The City from the Field“.

3. Tag: Chicagos Neighborhoods

Mit der Hochbahn ist es leicht, das „andere Gesicht“ der Stadt, die bunten **Neighborhoods**, kennenzulernen, die nur zum Teil ethnisch geprägt sind. Die meisten davon befinden sich im Norden des Loop, z. B. die **Gold Coast** 31 und **Old Town** 32, **Lincoln Park** 34 und Lakeview (s. S. 45) sowie das berühmte **Wrigleyville** um das historische Baseballstadion 36. Der Bahn entstiegen, kann man die einzelnen Viertel zu Fuß im eigenen Tempo erkunden. Kleine Läden, Lokale und Cafés machen die Entdeckungstour nicht nur abwechslungsreich, sondern bieten auch Gelegenheit zu Erholungspausen.

Das gibt es nur in Chicago

- **Janusköpfigkeit:** Chicago ist widersprüchlich, die Stadt der Sozialreformerin Jane Addams und des Ganoven Al Capone, des Architekten Louis Sullivan und des Spekulanten Sam Insull, der Literaten und Nobelpreisträger, der Eisenbahn und der Schlachthöfe, des Blues und des Jazz, der Kultur und des Shopping, der Parks und der Hochhäuser.
- **Hartnäckigkeit:** Zwei Katastrophen – das Fort Dearborn Massacre von 1812 (s. S. 88) und das Great Fire von 1871 (s. S. 89) – konnten die Stadt nicht erschüttern, sondern haben sie eher beflügelt. Nach dem Großen Feuer wurde Chicago zum Magneten für Einwanderer, Geschäftsleute, Reformer, Gewerkschafter, Politiker, Schriftsteller und Architekten. Hemdsärmeliger „Hauruck-Optimismus" ist bis heute ein Charakterzug.
- **Superlative:** In Chicago befindet sich der als bester öffentlicher Platz gepriesene Millennium Park, hier wurde 1885 der erste Skyscraper erbaut, hier stehen vier der 100 welthöchsten Bauten (Willis Tower, Trump Tower, St. Regis und AON) und hier wurde 1909 das erste amerikanische städteplanerische Gesamtkonzept präsentiert. In Chicago gibt es die flächenmäßig größte öffentliche Bibliothek der Welt (Harold Washington Library), den nach dem Pentagon flächenmäßig größten Bau der USA (Merchandise Mart), eines der größten Indoor-Aquarien (Shedd Aquarium), einen der weltgrößten Brunnen (Buckingham Fountain), den weltgrößten frei zugänglichen Zoo (Lincoln Park Zoo), auch Kläranlage, Zeitungsfabrik und Flughafen zählen zu den größten weltweit und das Baseballstadion ist das zweitälteste. Ein weiteres Kuriosum: ein Fluss, der „rückwärts" fließt (s. S. 38)!
- **„Windy City":** Wieso die Stadt am Lake Michigan zu ihrem Spitznamen kam, ist umstritten: wegen des fast kontinuierlich durch die Straßenschluchten fegenden Windes oder aber wegen des schlechten Rufes (früherer) Politiker – „those windy boys of Chicago"?
- **„Play Ball":** Neben New York und Boston gilt Chicago als sportverrückteste Stadt der USA (s. S. 118).
- **Kulinarisches:** Spezialitäten wie Deep Pan Pizza und Hot Dogs haben die Stadt bekannt gemacht. Inzwischen genießt man jedoch auch in Feinschmeckerkreisen und in der Slow-Food-Szene hohes Ansehen.

005ch Abb.: mb

Die Aussichtsglasbox The Ledge am Willis Tower 9

Weiter im Norden lockt das hippe, LGBT-geprägte **Andersonville** (s. S. 67). Im Westen hat sich in **Pilsen** ein mexikanisch geprägtes Viertel entwickelt, während sich im Süden des Loop **Chinatown** 38 ausgebreitet hat. Im Nordwesten lohnen die Viertel **Bucktown** und **Wicker Park** 42 mit der Milwaukee Avenue als Hauptachse und dem **Bloomingdale Trail/The 606** 42 einen Besuch. Es handelt sich um ethnisch und sozial bunte Viertel mit kleinen, teils ausgefallenen Läden, Lokalen, Bars, Kneipen und Clubs.

Wer mehr Zeit hat …

Auf den Spuren von **Frank Lloyd Wright** und **Ernest Hemingway** kann man im Westen der Stadt im Vorort **Oak Park** 43 wandeln. Das Haus des berühmten Architekten, in dem sich auch sein Büro befand, ist zu besichtigen und es gibt Walking Touren durch das Viertel, das einen Überblick über Wrights Entwicklung und Architektur gibt. Zudem befindet sich Ernest Hemingways Geburtshaus in Oak Park.

Tief im Süden liegt **Hyde Park** 40, ein interessantes Areal um den Campus der University of Chicago und Heimat von Ex-Präsident Obama. Auf diesem Gelände der Weltausstellung von 1893 lädt zudem das sehenswerte **Museum of Science and Industry** 41 zur Besichtigung ein. Südlich davon, im Jackson Park, entsteht gerade die Barack Obama Presidential Library (geplante Eröffnung Ende 2025).

Noch weiter im Süden liegt der **Pullman National Historical Park** 44, eine im späten 19. Jh. entstandene Arbeiter-Mustersiedlung. Außerdem nahm einst in Chicago die legendäre **Route 66** (s. S. 56) ihren Anfang und auf der Fahrt nach Westen kann man auf ihr in alte Zeiten eintauchen.

Stadtspaziergang

Das Herzstück Chicagos ist **The Loop,** der von der Hochbahn, der „L" (abgeleitet von „Elevated Train"), auf jeweils etwa 1,5 km Seitenlänge umgebene Kern der Innenstadt. Der Loop ist einerseits ein Freiluftmuseum für historische und moderne Architektur und moderne Skulpturen im öffentlichen Raum und andererseits im Bereich um die State Street ein beliebtes Bummel- und Shoppingareal.

Startpunkt für eine Erkundung könnte das **Chicago Cultural Center** 1 sein, zentral an der Michigan Avenue gelegen und sehenswert. Über die E Randolph Street geht es hinein in den Loop zum historischen Kaufhaus **Marshall Field's** 2 (jetzt: Macy's). Nach Norden breitet sich der **Theater District** aus, dessen Highlight das legendäre **Chicago Theatre** 3 ist. Wenige Schritte weiter nordwärts auf der State Street erreicht man den **Wacker Drive,** der den Nordrand des Loop markiert und dem **Chicago River** folgt. Selbst ein kurzer Spaziergang macht deutlich, wie fotogen dieser Straßenzug mit seinen spektakulären Hochhäusern ist. Man kann dabei dem Chicago River auf dem **Riverwalk** folgen und genießt entlang dieser Promenade mit Sitzgelegenheiten sehenswerte Ausblicke auf die Architektur und den Fluss.

Zu den architektonischen Höhepunkten der Stadt gehört das **James R. Thompson Center** 5, das man vom Wacker Drive aus über die N La Salle St. erreicht (derzeit wegen Renovie-

Routenverlauf im Stadtplan
Der hier beschriebene Spaziergang ist mit einer farbigen Linie im Stadtplan eingezeichnet.

rung geschlossen). Nebenan steht die historische **City Hall** 6, vor der sich die **Daley Plaza** ausbreitet. Von hier geht es vorbei am Komplex **Block 37** (s. S. 77) zurück zur **State Street.** Ihr folgt man nach Süden und biegt dann westwärts in die W Adams Street ein. An der Kreuzung mit der **Dearborn Street** fällt der Blick auf den Picasso auf der Plaza des **Chicago Federal Center** 7. Kurz bevor die S La Salle St. kreuzt, passiert man die **Rookery** 8. Die S La Salle St. führt in den **Financial District** und trifft auf das **Chicago Board of Trade Building** 11 am W Jackson Blvd. Zwei Blocks westlich rückt das Wahrzeichen der Stadt ins Blickfeld: der **Willis Tower** 9. Bei klarer Sicht lohnt sich die Fahrt hinauf zur Aussichtsplattform.

Nach „Chicago aus der Vogelperspektive" geht es auf dem **Jackson Boulevard** zurück zur State Street und dann in südliche Richtung zur **Harold Washington Library** 12. Von hier ist es auf dem E Congress Parkway nur ein Katzensprung zur **Michigan Avenue Streetwall** 14. Jenseits dieser spektakulären Architekturzeile breitet sich nach Osten der Grant Park 18 (mit Millenium Park 16 im Norden) aus.

Die **Michigan Avenue,** besonders der Abschnitt nördlich des Chicago River (und des Loop), gilt als die Prachtmeile der Stadt. Der Abschnitt namens **Magnificent Mile** 26 (kurz: Mag Mile) beginnt an der **Michigan Avenue Bridge** 23, einer 1920 erbauten Zugbrücke über den Chicago River. Sie querend, fallen zwei historische und architektonische Wahrzeichen der Stadt ins Auge: Das 1919 bis 1921 erbaute **Wrigley Building** 24 und der

006ch Abb.: mb

Alt und neu: Wrigley Building 24 *und Trump Tower (s. S. 98)*

Chicago Tribune Tower 25 von 1925 gegenüber. Modern ergänzt wird die Skyline weiter westlich durch neue Bauten wie den **Bank of America Tower** (110 N Wacker, s. S. 19). Bei genügend Zeit lohnt sich der Umweg zum **Navy Pier** 29.

Etwa auf der Hälfte der Magnificent Mile steht der historische **Water Tower** 27. Der Wasserturm mit Pumpenhaus (auf der anderen Straßenseite) entstand in den 1860er-Jahren und überstand sogar den Großen Brand 1871. Einen Block entfernt ragt das **John Hancock Center** 28 mit der Aussichtsplattform **360 Chicago** in den Himmel, nach dem Willis Tower Chicagos zweiter weltbekannter Wolkenkratzer. Einen Kontrast bietet das Ende der Mag Mile: Dort fühlt man sich am **Oak Street Beach** (s. S. 41) bei Sonne fast an einen Südseestrand versetzt. Hier könnte man den Rundgang ausklingen lassen und die müden Füße ausruhen. Zum Startpunkt gelangt man mit den Buslinien 146, 147 oder 151, die auf der Michigan Ave. südwärts verkehren.

The Loop

„Going to the Loop!" – von jeher schlägt das Herz der Stadt im Loop. Hier sind Wirtschaft und Kommerz zu Hause, hier befinden sich legendäre Konsumtempel wie Marshall Field's (Macy's) und hier stehen wegweisende Wolkenkratzer. Schon 1859 verkehrten entlang der State Street von Pferden gezogene Wagen, in den 1880er-Jahren begann man dann mit dem Bau der Hochbahn, der „Union Loop Elevated Railway". Sie wurde 1897 fertiggestellt und verhalf der Innenstadt zum Namen „Loop".

In der Rückschau hatte das Great Fire von 1871 auch etwas Positives: Nur durch den dadurch nötigen Wiederaufbau konnte ein **Stadtbild** entstehen, das, da chronologisch fortlaufend, beinahe spektakulärer ist als das von New York. Begrenzt wird der Loop im Norden von der Lake Street, im Süden von der Van Buren Street, im Westen von der Wells Street und im Osten von der Wabash Avenue. Landläufig meint man mit „Loop" allerdings meist das ganze Areal zwischen den beiden Armen des Chicago River im Norden und Westen, dem Congress Parkway (Süden) und der Michigan Avenue am Grant Park (Osten). Oft wird sogar dieser Grünstreifen noch zum Loop (im Sinne von Downtown) dazugerechnet.

1 Chicago Cultural Center ★ [D5]

Ein idealer Ausgangspunkt für die Erkundung Chicagos ist das **Chicago Cultural Center** (CCC). Der „Volkspalast", wie die Einheimischen das Gebäude nennen, war 1897 in Anlehnung an italienische Renaissance-Palazzi als Stadtbibliothek erbaut

Calders roter „Flamingo" ist eines der sehenswerten Kunstwerke im öffentlichen Raum (s. S. 20)

worden. Diese wiederum war durch eine Bücherspende des britischen Königshauses ins Leben gerufen worden. Die Briten hatten nach dem Brand im Jahr 1871 geglaubt, auch die öffentliche Bibliothek Chicagos sei zerstört worden – eine solche gab es damals aber noch gar nicht. Bis 1991 befand sich die Public Library (heute Washington Library) in dem Gebäude, seither dient es als Veranstaltungsort, Sitz von Kulturinstitutionen und Besucherinformation.

Der prachtvolle Haupteingang des Gebäudes befindet sich an der Washington Street. Von hier aus erreicht man die **Preston Bradley Hall** mit einer von Louis C. Tiffany höchstpersönlich geschaffenen Kuppel. Ein Gang führt am Garden Court vorbei in den Westtrakt und in diesem Baukomplex an der Randolph Street befinden sich das **Claudia Cassidy Theater** und die **Grand Army of the Republic Memorial Hall**, ebenfalls mit einer Tiffany-Kuppel. Das Veranstaltungsprogramm ist breit gefächert und reicht von Lesungen, Vorträgen und Konzerten (oft gratis) über Ausstellungen bis hin zu Theater und Tanz.

› Zugang: 77 E Randolph St., tgl. 10–17 Uhr, Brown, Purple, Green, Orange, Pink Line: „Randolph". Mit Shop „Buddy" (Produkte lokaler Kunsthandwerker) und Welcome Center, in dem es Infos zu Neighborhoods und Millenium Park 16, aber keine eigentlichen Besucherinformationen gibt. Hier starten Do./Fr. um 13.15 Uhr Gratis-Gebäudetouren. Veranstaltungen siehe www.chicago.gov/city/en/depts/dca/supp_info/chicago_culturalcenter.html.

MEIN TIPP

Der Loop, ein Open-Air-Kunstmuseum

Dank des Chicago Public Art Program ist Chicago reich an öffentlich ausgestellten Kunstwerken aller Art und von diversen Künstlern. Speziell der Loop präsentiert sich nicht nur als **Freilichtmuseum** für Architektur, sondern ist auch hinsichtlich der Sammlung moderner Kunstwerke im öffentlichen Raum einmalig: von Werken Picassos über Stahlkonstruktionen Calders hin zu Mosaiken Chagalls.

› www.chicago.gov/city/en/depts/dca/provdrs/public_art_program.html

› Eine **Self-Guided Public Art Tour** findet sich unter www.chicago.gov/content/dam/city/depts/dca/MillenniumPark/tours/selfguidedpublicarttour.pdf.

› Das **Chicago Architecture Center** (s. S. 37) veranstaltet Walkingtours mit architektonischem Schwerpunkt.

025ch Abb.: mb

Kunst zwischen Wolkenkratzern: Joan Miró's „Chicago"

Die „L" – Chicagos Hochbahn

Am 6. Juni 1892 wurde die erste Hochbahn auf der „Alley L", vom Congress Parkway bis zur S 39th Street, feierlich in Betrieb genommen. Wegen des damals schon chaotischen Verkehrs hatte man die Schienen auf einer eigenen Trasse über der Straße verlegt. Die Linie wurde bereits ein Jahr später bis zur 63rd Street und Stony Island Ave. verlängert – und damit auch die im Süden gelegenen Wohnviertel angebunden. Im Laufe der Jahre entstanden Linien in alle Himmelsrichtungen.

082ch Abb.: mb

1897 war die Bahnschleife in ihrer heutigen Form fertig, ab 1898 wurden die Bahnen nicht mehr mit Dampf betrieben, sondern elektrisch. Der Name „Loop" begann, sich für den Kernbereich durchzusetzen. Auf jeweils etwa 1,5 km Länge rattert die „L" („Elevated Train" bzw. „Loop Train", auch „The Elevated" genannt) oberhalb von Lake Street, Wabash Avenue, Van Buren und Wells Street um die Innenstadt. Heute nutzen fünf Linien – Brown, Green, Orange, Pink und Purple – die Loop-Route, während Blue und Red Line im Innenstadtbereich in den Untergrund verlegt wurden.

Als historische Linien gelten die Brown und die Green Line. Letztere ist „The City's Oldest L Line" und teilte sich ursprünglich in Green Line South und Green Line West. Der älteste erhaltene Bahnhof im Loop, Quincy Station, befindet sich östlich des Willis Tower (W Quincy/S Wells St.) und wurde 1897 erbaut.

› **„L" Train Tours** („Elevated Architecture: Downtown ‚L' Train") veranstaltet das CAC: www.architecture.org

2 Marshall Field's (Macy's) ★★★ [D5]

Das seit 1865 existierende, einst zweitgrößte Kaufhaus der Welt ist immer noch gut für ein Shopping-Erlebnis erster Güte. Seit 2005 gehört es zwar zum New Yorker Unternehmen Macy's, doch das ist für die Chicagoans kein Grund, den alten Namen nicht weiter zu verwenden. Auch blieb das Namensschild erhalten, da der Bau unter Denkmalschutz steht.

Marshall Field (1834–1906), nach dem das Kaufhaus benannt wurde, kam 1856 aus Massachusetts nach Chicago und hatte sich vom Händler zum Kaufhausbesitzer und Millionär emporgearbeitet. Erst wurde er Partner von Potter Palmer, der 1852 einen Kurzwarenladen betrieb, später übernahm Field das Geschäft ganz. Das erste Kaufhausgebäude von 1868 wurde beim Chicago-Brand 1871 zerstört und anschließend neu gebaut.

Der älteste, davon noch existierende Teil an der Ecke Wabash Ave./Washington St. stammt aus dem Jahr 1893 und gleicht einem Renaissancepalast. 1907 war der heutige Hauptbau von D. H. Burnham entstanden und dieser diente als Vorbild für weitere Kaufhäuser vom Reißbrett dieses Architekten: Selfridge's in London, Gimble's in New York, Wanamaker's in Philadelphia, May Co. in Cleveland oder Filene's in Boston.

Der **Hauptzugang** liegt an der State Street und wird durch vier ionische Säulen aus Carrara-Marmor betont. Im Inneren ist die berühmte **Kuppel** von Louis Comfort Tiffany besonders sehenswert und in der Vorweihnachtszeit die aufwendigen Dekorationen. Ebenso berühmt wie das Kaufhaus selbst ist die **Great Clock** an der Ecke State/Randolph Street. Verabredete man sich einst im Loop, dann hieß es nur „Meet me under the clock", und jede/r wusste, was gemeint war. 1907 erhielt die Uhr ein Pendant an der Ecke State/Washington St., sodass eine Verabredung „unter der Uhr" heute zu Missverständnissen führen kann.

› 111 N State/Randolph St., https://l.macys.com/chicago-il, Red Line: „Lake", Blue Line: „Washington", Brown, Purple, Green, Orange, Pink Line: „Randolph". Mit Visitor Information Center im EG.

MEIN TIPP

Walnut Room und Atwood Café

In **Macy's/Marshall Field's** 2 ist der historische **Walnut Room** schön zum Sitzen und für einen preiswerten Lunch. Alternativ steht das Selbstbedienungsrestaurant **Seven on State** zur Verfügung.

Im sich schräg gegenüber befindenden Hotel The Alise (s. S. 123, Reliance Building) von 1895 gibt es im **Atwood Restaurant** morgens, mittags und abends sowie zum Sonntagsbrunch kreative amerikanische Küche.

029ch Abb.: mb

⌃ *Beliebter Treffpunkt: „under the clock" („unter der Uhr")*

3 Chicago Theatre ★ [D5]

Die Kreuzung von State und Randolph Street markiert das **Zentrum des Theaterdistrikts.** 1837 fand in Chicago die erste Theateraufführung statt, 1839 wurde hier Shakespeares „Hamlet" erstmals außerhalb Großbritanniens aufgeführt, 1847 entstand dann das erste Theater der Stadt, das Rice's Theater. Übrig geblieben sind vier historische Theater, die in den späten 1990er-Jahren renoviert wurden: das Majestic, das Oriental, das Palace und das Chicago Theatre.

Zwei der schönsten sind gleich von der Kreuzung aus zu sehen: das **Chicago Theatre,** dessen Reklameschild zu einem Wahrzeichen der Stadt geworden ist, und das **Oriental Theatre** (James M. Nederlander Theatre, s. S. 75). Beide wurden von Cornelius W. (1851–1926) und George L. Rapp (1878–1942) geplant, Brüder, die einst führend beim Bau von „Filmpalästen“ waren. Das Oriental wurde als Kino mit über 2000 Plätzen am 8. Mai 1926 in Betrieb genommen und ist heute Musical-Bühne und Teil von „Broadway in Chicago“.

Das Chicago Theatre eröffnete 1921 und wurde von Balaban & Katz betrieben, einem Unternehmen, das zu Beginn des 20. Jh. über 50 Kino-Theater im Großraum Chicago betrieb. Es galt als Paradebeispiel für den Typus der mehrere Tausend Zuschauer fassenden Kinopaläste der „Roaring Twenties“ und ist heute Veranstaltungsort für Konzerte großer Stars.

› Chicago Theatre, 175 N State/Randolph St., www.msg.com/the-chicago-theatre, Red Line: „Lake“, Blue Line: „Washington“ sowie Brown, Purple, Green, Orange, Pink Line: „Randolph“. Theatertouren Fr. 12, Sa. 12 und 14 Uhr, $ 20.

4 Marina City ★ [C4]

1959 bis 1967 entstanden nach Plänen des Büros Bertrand Goldberg Ass. zwei Maiskolben ähnliche **Türme.** Als erste zylindrische (und bei Eröffnung höchste) Wohngebäude der Welt, dazu mit integriertem Parkhaus und Bootsanleger, waren sie bei ihrer Fertigstellung eine Sensation, die später häufig imitiert wurde. **Bertrand Goldberg** (1913–1997) hatte im Jahre 1932 seine Heimatstadt Chicago verlassen um in Deutschland am Bauhaus bei Mies van der Rohe zu studieren. 1934 zurückgekehrt, schloss er am Armour Institute (dem heutigen Illinois Institute of Technology) sein Studium ab und betrieb ab 1937 ein eigenes Büro. Auch beim **Raymond Hilliard Center** in der South Side griff Goldberg 1966 auf die Zellenstruktur der Marina City zurück und **River City** von 1885 im South Loop trägt ebenfalls seine Handschrift. Kurioserweise zeigt der 1972 eröffnete Augsburger Hotelturm, genannt „Maiskolben“, deutliche architektonische Ähnlichkeit mit den Marina-City-Zwillingstürmen.

› Brown, Purple, Green, Orange, Pink Line: „State/Lake“ sowie Red Line: „Lake“

5 James R. Thompson Center ★★ [C5]

Das James R. Thompson Center wurde zwischen 1979 und 1985 als Verwaltungsgebäude (State of Illinois Center) unter Federführung des deutschen Architekten **Helmut Jahn** erbaut.

Das riesige **Atrium**, vor allem aber die gekrümmte und sich nach oben verjüngende **Glasfassade** sorgten wegen ihrer Plastizität und wegen des Kontrasts zu den umliegenden, eher konventionell wirkenden Verwaltungsgebäuden für Kontroversen. Jahn wurde durch gewagte Entwürfe wie diesen bekannt: So stammt z. B. auch der United Airlines Terminal am O'Hare International Airport von ihm.

Seit etlichen Monaten durch Bauzäune abgesperrt und ungenutzt, ist nach aktuellem Stand (Anfang 2024) eine umfassende **Renovierung bzw. sogar der Neubau der Glasfassade und des Atriums geplant.** Mit dieser Maßnahme soll v. a. die Energieeffizienz erhöht werden. Das Architekturbüro JAHN ist mit der Umgestaltung beauftragt, neuer Mieter wird – voraussichtlich ab 2026 – Google sein. Dubuffets berühmte Skulptur „Monument with Standing Beast“ soll vom Vorplatz in die 115 S LaSalle St. (Harris Bank) umziehen.

› 100 W Randolph St., Blue, Brown, Purple, Green, Orange, Pink Line: „Lake“

Architektur am Wacker Drive

Der Chicago River befindet sich einen Block nördlich des Theaterviertels und ein Spaziergang auf dem hier verlaufenden **Wacker Drive** lohnt sich auch wegen seiner Architektur bzw. der fotogenen Aus- und Ansichten. An der Ecke State St./Wacker Dr. steht das **Leo Burnett Building** (35 W Wacker Dr.), 1989 nach Plänen von Kevin Roche, John Dinkeloo & Ass. erbaut, ein Musterbeispiel für postmoderne Architektur. Westwärts dem Wacker Drive folgend, fällt z.B. das postmoderne Gebäude **77 West Wacker Drive** (auch R.R. Donnelley Center, 77 W Wacker Dr.), 1992 von dem spanischen Architekten Ricardo Bofill geplant und wegen des tempelartigen Abschlusses auch „Parthenon on a Stick" genannt, auf. Einen Block weiter erreicht man das **LaSalle-Wacker Building** (221 N LaSalle St.) von 1930 (Holabird & Root), ein Beispiel für Art-déco im Hochhausbau. Das **Builders Building** von 1927 (Graham, Anderson, Probst & White) daneben wurde 1986 von SOM um die **222 North LaSalle Street Addition** erweitert – ein gelungenes Beispiel für postmoderne Architektur! Wiederum den Art-déco-Stil, diesmal der Gebrüder Burnham aus dem Jahr 1928, verkörpert das **Engineering Building** (205 W Wacker Dr.).

Gegenüber, auf der anderen Flussseite, fällt ein massiger Großbau ins Auge: der **Merchandise Mart.** 1930 errichtet, handelt es sich nach dem Pentagon um das **flächenmäßig größte Gebäude der USA.** Es fungiert als Messe-/Tagungsort und als Kaufhaus und beherbergt Läden sowie Büros. Während des Events „Art on the Mart" (https://artonthemart.com) wird das Gebäude am Abend kunstvoll angestrahlt. Der Bau **333 W Wacker Drive** war 1983 nach Plänen von Kohn Pedersen Fox erbaut worden und entwickelte sich dank seiner spiegelnden, gewölbten Fassade zum Fluss hin zum beliebten Fotomotiv.

Neueren Datums, von 2020, ist der **Bank of America Tower/110 N Wacker** mit 248 m Höhe und ungewöhnlichen „Stelzen" am Flussufer. Der ebenso hohe **Salesforce Tower,** auch Wolf Point South Tower genannt und von Pelli Clarke entworfen, eröffnete 2023 an der Flussgabelung jenseits des Wacker Drive.

› **Architektur-Touren** bietet die Chicago Architecture Foundation: www.architecture.org

Ein Lehrstück moderner Architektur: der Wacker Drive

083ch Abb.: mb

6 City Hall und Daley Plaza ★ [C5]

Gegenüber dem Thompson Center erhebt sich die **Chicago City Hall** (Cook County Building), ein im Jahr 1911 von Holabird & Roche im neoklassischen Stil erbauter, zweiteiliger, zwölfstöckiger Komplex aus Kalkstein. Eindrucksvoll ist die mit Mosaiken zur Stadtgeschichte ausgestattete Eingangslobby.

Das gegenüberliegende Bürohochhaus **Richard J. Daley Center** und die gleichnamige **Plaza** sind nach dem beliebten Chicagoer Bürgermeister, der 1976 nach 21 Amtsjahren starb, benannt. Auf dem Platz finden Veranstaltungen und Märkte statt, berühmt wurde er aber vor allem, weil hier 1967 als erste Skulptur in der Stadt ausgerechnet ein **Picasso-Kunstwerk** aufgestellt wurde. Das löste damals heftige Diskussionen aus – heute ist „Chicagos Picasso" nicht mehr aus dem Stadtbild wegzudenken.

Gegenüber fällt der 1923 im neogotischen Stil erbaute **Chicago Temple** ins Auge. Er ist mit 173 m einer der höchsten Sakralbauten der Welt. Betrachtet man Kirchen allerdings im klassischen Sinne als Gebäude mit Turm, dann weist das Ulmer Münster mit gut 161 m den höchsten Kirchturm auf. Auf dem kleinen Platz direkt nebenan steht eine weitere berühmte Skulptur: **„Miró's Chicago"**, 1981 vom spanischen Künstler Joan Miró (1893–1983) geschaffen.

› Blue Line: „Washington"

› „Under The Picasso" ist eine Veranstaltungsreihe mit Konzerten, ethnischen Festivitäten und Informationsveranstaltungen mittags auf der Daley Plaza. Das Programm findet sich unter: https://thedaleycenter.com/copy-noontime-events.

MEIN TIPP

Chicagos Christkindlmarket

Der Christkindlmarket auf der **Daley Plaza** 6 gehört zu den „authentischsten" der USA. Inspiriert vom Nürnberger Christkindlesmarkt wurde er 1995 vom German American Chamber of Commerce aus der Wiege gehoben und fand 1997 erstmals auf der Daley Plaza statt. Sogar Händler aus Deutschland bieten hier Produkte wie Holzschnitzereien, Glasornamente und anderen Weihnachtsschmuck an. Es gibt Glühwein, Bratwürste, Lebkuchen und ein Chicago Christkind! Der Markt dauert von Ende November bis zum Heiligabend.

› www.christkindlmarket.com

7 Chicago Federal Center & Plaza ★ [C6]

Das **Bundesverwaltungszentrum** Chicago Federal Center & Plaza gilt als **Meilenstein der modernen Architektur.** Es ist Teil eines mehrteiligen Komplexes mit Platzanlage vom Reißbrett Mies van der Rohes und entstand zwischen 1966 und 1974 an der Dearborn St. Zwei Hochhäuser und ein Flachbau (das Hauptpostamt) wurden nicht nur so angeordnet, dass Sichtbezüge existieren, sondern auch die zentrale Platzanlage wurde in das von Mies van der Rohe benutzte Modularsystem einbezogen. Die Pflasterfugen stehen ebenfalls in direktem Bezug zu den Gebäudeachsen. Nur die 1974 auf dem Platz aufgestellte **rote Stahlskulptur** „Flamingo" von Alexander Calder (1898–1976) bricht aus dem festgefügten Konstruktionssystem aus und bildet einen kontrastreichen und markanten Blickpunkt.

› Dearborn St., zwischen Adams St. und Jackson Blvd., Blue Line: „Jackson"

8 The Rookery ★★ [C6]

The Rookery – ein architektonischer Markstein – wurde zwischen 1885 und 1888 nach Plänen von **Burnham & Root** erbaut. Der Name bedeutet „Krähenhorst“ und wird landläufig auf eine ehemals hier lebende Krähenkolonie zurückgeführt. Baumeister Root nahm darauf beim Bau Bezug und ließ am Eingangsportal eine Steinskulptur von Krähen mit geöffneten Schnäbeln anbringen, die wiederum eine Anspielung auf die allzu munter plappernden, korrupten Politiker Chicagos sein sollten.

Der zwölf Stockwerke hohe **Skelettbau** kombiniert tragendes dunkelrotes Mauerwerk, gusseiserne Pfeiler sowie schmiedeeiserne und stählerne Balken und verbindet gelungen Struktur und Ornament. Der quadratische Grundriss um einen Lichthof – „Square Donut“ genannt – war damals revolutionär. **Frank L. Wright,** damals Mitarbeiter der Firma, hatte den Lichthof und die Lobbys 1905 neu gestaltet.

Die **Außenfassade** mit ihrem **orientalischen Dekor** – z. B. minarettartige Türmchen – ist ein frühes Beispiel für die später üblich werdende Horizontalbetonung. Die beiden Architekten Burnham und Root, die hier auch ein Büro bezogen, setzten mit dem Bau zugleich **neue Maßstäbe für Bürogröße, Flurbreite und Fahrstuhlkonstruktion** und waren maßgeblich am Wandel von der alten Ziegel- zur Skelettbauweise beteiligt. The Rookery wurde 1970 ins National Register of Historic Places aufgenommen und 1972 zum Chicago Landmark erklärt.

› 209 S LaSalle St., Zugang auch Adams St. Das CAC veranstaltet Rookery-Building-Touren (s. S. 120).

9 Willis Tower ★★★ [B6]

Der Willis Tower mit seinen dunklen, würfelförmig aufeinander gestapelten und stufig zurückspringenden Baukörpern ist ein beeindruckendes Bauwerk und gilt zu Recht als ein Wahrzeichen Chicagos.

Obwohl der Willis Tower (früher Sears Tower) längst nicht mehr der welthöchste Bau ist, nimmt er schon wegen seiner **Ästhetik** und des **Ausblicks** von der Spitze noch immer eine Sonderstellung ein. Zwischen 1968 und 1974 hatte Bruce Graham von SOM den Turm für die Kaufhausfirma Sears, Roebuck & Co. erbaut. Bei 110 Geschossen, einer Höhe von 442 m (mit Antenne 527 m) und einer Grundfläche von 418.064 m² beliefen sich die Baukosten auf rund $ 186 Mio.

MEIN TIPP

Gasthaus mit deutschen Wurzeln

Zu den Etablissements, die seit über 100 Jahren die Stellung im Loop halten, gehört das legendäre **Restaurant The Berghoff** (s. S. 68). 1870 hatte der Dortmunder Hermann Joseph Berghoff im Städtchen Fort Wayne im Bundesstaat Indiana begonnen, Bier zu brauen. 1893 tauchte er in Chicago auf und eröffnete einen Biergarten direkt neben dem Weltausstellungsgelände. Es folgten 1898 ein Café in der Adams Street und 1904 das Restaurant The Berghoff. Nach der Prohibition erhielt dieses als eines der ersten überhaupt wieder eine Schanklizenz.

Auch heute wird hier wieder eigenes Bier gebraut, seit 2018 durch die **Adams Street Brewery.**

› www.adamsstreetbrewery.com und www.theberghoff.com

Die Architekten hatten für den Bau, den heute täglich etwa 25.000 Menschen – Angestellte und Besucher – frequentieren, ein neuartiges Stützensystem aus gebündelten Rohren, Stahlsäulen und Streben, sog. **Mega-Module**, eingesetzt. Das Gebäude besteht aus **neun Einzelkuben:** Zwei enden im 50., zwei im 66. und weitere drei im 90. Stock. Am Ende ragen nur noch zwei Baukörper in den Himmel. Die Idee dazu stammt von SOM-Bauingenieur Fazlur Khan, der mit verschieden weit aus einer Schachtel herausgezogenen Zigaretten experimentiert hatte. Obwohl bei diesem „Würfelbaustil" die **Windverhältnisse** zwar mitberücksichtigt wurden, schwingt der Bau schon bei geringem Wind um etwa 15 cm. An der **Außenfassade** dominieren bronzefarbenes Glas und schwarzes Aluminium. Die vorgelagerte Platzanlage aus Granit ist wenig spektakulär, Calders **Skulptur „Universe"** in der Lobby hingegen schon.

084ch Abb.: mb

Der Turm war und ist ein beliebter **Filmdrehort** und hier wurden z. B. Szenen von „Category 6 – Der Tag des Tornado", der Science-Fiction-Serie „Stargate – Kommando SG-1", „I, Robot", „Transformers 3" oder der Zukunftsvision „Die Bestimmung – Divergent" gedreht. Die **Aussichtsplattform („The Skydeck")** befindet sich im 103rd Floor in 412 m Höhe. Der Aufzug braucht für die Fahrt dorthin eine knappe Minute. Von oben genießt man bei gutem Wetter einen bis zu 80 km weit reichenden Ausblick bis nach Indiana, Michigan und Wisconsin. **The Ledge**, vier geschlossene, balkonartige Kästen komplett aus Glas, bietet zudem das besondere Gänsehautfeeling: Blickt man durch den Glasboden hinab, glaubt man, über der Stadt zu schweben.

› 233 S Wacker Dr., Eingang Skydeck Observatory: Jackson Blvd., https://theskydeck.com, Brown, Orange, Pink oder Purple Line: „Quincy", zumeist 9–22 Uhr (Details siehe Website), Eintritt ab $ 32 (Online-Ticketbuchung vorab empfohlen)

10 Union Station ★ [A6]

Die prächtige Union Station wurde von 1913 bis 1925 nach Plänen von Graham, Anderson, Probst & White erbaut. Nach der Gründung der ersten Eisenbahngesellschaft Galena & Chicago Union 1836 hatte sich Chicago in wenigen Jahrzehnten zum **Eisenbahnzentrum der USA** entwickelt. Um 1855 gab es bereits an die 5000 km Schienen, fast 100 Personenzüge verließen täglich die Stadt und bis Ende des Jahrhunderts waren vier große Bahnhöfe entstanden. Heute noch ist Chicago das wichtigste Drehkreuz der halbstaatlichen Personenzuggesellschaft **Amtrak**.

MEIN TIPP

West Loop

Der West Loop – die Region westlich des Chicago River bis zur Western Ave. – war einst geprägt von Lagerhallen und wenig attraktiv. Inzwischen boomt die Region, neue Wohnbauten entstehen, bekannte Firmen wie Google, McDonald's oder DuckDuckGo haben sich niedergelassen und zahllose Lokale und Bars haben sich zwischen Randolph St. und dem ehemaligen Fulton Market angesiedelt. Die Eröffnung von **TV-Studios** – den Anfang machte Oprah Winfrey mit den Harpo Studios –, **Lokalen** – Stephanie Izard gründete 2010 das erste (Girl & the Goat) – sowie 1994 die Eröffnung des **United Centers,** in dem die Bulls (Basketball) und Blackhawks (Eishockey) spielen, haben dem Viertel um die Randolph Street nicht nur als „foodie street" Attraktivität verliehen.

› **Infos:** www.choosechicago.com/neighborhoods/west-loop, Green/Pink Line: „Morgan"

Die Union Station wurde in zwei Teilen an der Canal Street gebaut. Dominant ist das **achtstöckige Hauptgebäude** mit mächtiger Säulenvorhalle, die in einen riesigen Wartesaal führt. Das Tonnengewölbe mit fast 35 m Höhe wird von korinthischen Säulen getragen, auf denen Allegorien für Tag und Nacht stehen. Dazwischen befinden sich riesige Bögen. Nur drei Blocks nördlich befindet sich ein weiterer Bahnhof: das **Ogilvie Transportation Center** (Madison St./Canal–Clinton St.), das von Metra-Zügen genutzt wird. Der ursprünglich hier befindliche Bahnhofsbau aus dem Jahr 1911 mit Eingangsportikus und Uhrtürmen war 1987 durch **500 West Madison** ersetzt worden, dessen farbiges Glas und deren Art-déco-Elemente genau wie die rhythmisch bewegte Fassade an den sog. Streamline-Stil der 1920er-Jahre erinnern. In den 1990er-Jahren erfolgte eine Modernisierung und Vergrößerung des Bahnhofs.

› 210 S Canal St, https://chicagounionstation.com, Blue Line: „Clinton", Brown, Orange, Pink oder Purple Line: „Quincy"

11 Chicago Board of Trade Building ★ [C7]

Die **LaSalle Street,** an deren südlichem Ende das Hochhaus der Warenbörse emporragt, gilt als **„Chicagos Wall Street"** und Finanzzentrum. Das Chicago Board of Trade Building war 1848 von 82 Händlern ins Leben gerufen worden und 1885 entstand ein repräsentatives Gebäude.

Dieses wurde 1930 durch einen Neubau von Holabird & Root ersetzt, eines der besten Beispiele für einen Art-déco-Wolkenkratzer in Chicago. In der neunstöckigen Basis des „himmelstrebenden Baus" verbirgt sich der sechs Stockwerke hohe **Trading Room.** Darüber erhebt sich ein 45-stöckiger Turm, durch Vor- und Rücksprünge und Fenstergruppierung klar gegliedert und bekrönt durch ein pyramidales Dach mit der Statue der römischen Göttin Ceres, Symbol für Fruchtbarkeit. Ein Meisterwerk des Art déco ist die dreistöckige **Lobby,** der 1980 das Büro Murphy/Jahn zwei weitere Eingangsbereiche im 1. und 12. Stockwerk hinzufügten.

› 141 W Jackson/LaSalle St., Brown, Orange, Pink oder Purple Line: „Quincy", Touren des CAC (s. S. 120)

◁ Der Willis Tower 9 (im Hintergrund) ist ein Markstein der Architektur

12 Harold Washington Library Center ★★ [C7]

Die Harold Washington Library, die mit 80.000 m² Fläche **größte öffentliche Bibliothek in den USA,** wurde 1991 nach Plänen von Thomas Beeby (Büro Hammond, Beeby & Babka) erbaut. Es macht Spaß, die Details an der postmodernen Fassade näher zu betrachten: Andere lokale Gebäude werden zitiert, es gibt Rückgriffe auf verschiedene historische Stile wie die griechisch-römische Architektur und kuriose Details. So bilden an der Front lesende Eulen die Seitenakrotere (dekorative Architekturelemente am Giebel) und ein flammenförmiger Akroter ziert die Mitte. Die Wände sind mit Girlanden geschmückt, die wiederum von Reliefköpfen – von Philosophen, der Göttin Ceres oder auch des „Windy City Man“ – unterbrochen werden.

Abgesehen von mehreren geräumigen Etagen, die prall gefüllt sind mit Bücherregalen, ist man besonders stolz auf das **Chicago Blues Archive (CBA).** Das CBA wurde 1981 durch eine Spende der Radiostation WXRT ins Leben gerufen und umfasst nicht nur Bild- und Tonaufnahmen, sondern auch Werbematerial und andere Memorabilien. Sehenswert für Besucher ist der Winter Garden im 9th Floor, wo es eine Ausstellung zu Ex-Bürgermeister Washington sowie Sonderausstellungen und Events gibt.

› 400 S State St., Mo.-Do. 9-20, Fr./Sa. 9-17, So. 13-17 Uhr, www.chipublib.org, Brown, Orange, Pink oder Purple Line: „Library“

> MEIN TIPP
>
> **Fest für Buchliebhaber**
>
> Der Printing House Row Historic District gilt immer noch als Mekka der Bibliophilen und neben regelmäßigen **Lesungen in Buchläden** – wie Sandmeyer's Bookstore (714 S Dearborn St.) – findet Anfang September im Freien eine große Buchmesse, das **Printers Row Lit Fest,** statt.
>
> › **Infos:** http://printersrowlitfest.org

13 Printing House Row Historic District ★ [C8]

Für Einheimische stellt der breite W Congress Parkway die Grenze vom Loop nach Süden, zum Viertel **South Loop,** dar. Am Übergang liegt der **Printing House Row Historic District.** Seine Hauptachse ist die Dearborn Street und sie endet im Süden an der Dearborn Street Station mit ihrem markanten quadratischen Ziegel-Uhrturm.

Der Name erinnert an jene Tage, als hier zahlreiche **Druckereien** ihren Sitz hatten. Die **Dearborn Street Station** (47 W Polk St.) von 1885 ist der älteste erhaltene Bahnhof der Stadt. Bis in die 1920er-Jahre endeten hier die Nahverkehrszüge aus dem Süden, dann entstand ein Straßenbahn-Endbahnhof. 1971 wurde er aufgegeben und in den 1980er-Jahren zogen eine kleine Shoppingmall und Büros ein. Dort, wo sich einst Gleisanlagen befanden, sind neue Wohnareale entstanden, gilt doch gerade der **South Loop** als eines der angesagten Wohnviertel in der Innenstadt.

› S Dearborn St., Dearborn Street Station: www.dearbornstation.com, Red Line: „Harrison“

14 Michigan Avenue Streetwall ★★ [D7]

Die Straßenflucht entlang dem Grant Park von der Roosevelt Road im Süden bis zur Randolph Street im Norden stellt **„Chicagos Gesicht“** dar. Einer Mauer gleich – deshalb „Streetwall" – baut sich die **Skyline** entlang dem Ufer des Lake Michigan auf. Entstanden ist sie großteils in den Jahren nach dem Brand 1871, doch sorgen nach über 100 Jahren Baupause in letzter Zeit **einige Neubauten** für Aufsehen: z.B. The Columbian (1160 S Michigan Avenue, 2008), The Heritage at Millennium Park (hinter dem Chicago Cultural Center, 130 N Garland Court, 2005), The Legacy (E Monroe/S Wabash, 2009) oder das Spertus Institute (2007). 2024 soll 1000M, ein 73-stöckiger Wohnturm von Helmut Jahn, an der 1000 S Michigan Ave. fertiggestellt werden. Das alte Essex Hotel (800 S Michigan Ave.) wurde zum sehenswerten Komplex Le Méridien Essex Chicago mit neuem Wohnhochhaus namens Essex on the Park umgewandelt.

Schon seit etwa 1900 verstanden sich die jeweils amtierenden Bürgermeister aber gut darauf, allzu eifrige Bauherren in ihre Grenzen zu verweisen. Richard Daley Jr. erklärte im Jahr 2002 fast die gesamte Michigan Avenue Streetwall (mit Ausnahme des südlichen Blocks) zum **historischen Denkmal** und ließ für künftige Baumaßnahmen einen Richtlinienkatalog erstellen. Das **Spertus Institute** (610 Michigan Ave.) zeigt, dass trotz strenger Vorschriften ungewöhnliche Bauten möglich sind. Das jüdische Institut mit seiner dynamischen Glasfassade fügt sich auf relativ schmaler Grundfläche gut in die historische Bausubstanz ein.

Einen Höhepunkt an der Michigan Avenue Streetwall stellt das **Auditorium Building** (50 E Congress Parkway) dar. Der 1887 bis 1889 errichtete Bau begründete das internationale Ansehen des deutschstämmigen Ingenieurs Dankmar Adler und des Architekten Louis H. Sullivan. Es handelte sich um eine für die damalige Zeit ungewöhnliche Kombination aus Theater, Bürogebäude und Hotel. Für Aufsehen sorgten vor allem die perfekte Akustik und für die Zeit sensationelle technische Neuerungen wie eine hydraulische Bühne oder eine Klimaanlage. Über 4000 Gäste hatten zu Konzerten der Oper und des Chicago Symphony Orchestra Platz, dazu 110 Orchestermitglieder. Heute ist das unter Denkmalschutz stehende Auditorium Sitz der privaten Roosevelt University und

MEIN TIPP

Über die Macht des Wortes

Neueste Attraktion an der Michigan Ave. ist das **American Writers Museum** (s. S. 58). Wer sich für amerikanische Literatur interessiert, ist hier richtig: Auf höchst anschauliche Weise werden Autoren mit Bezug zu den USA mit Beispielen vorgestellt. Der Schwerpunkt liegt auf Schriftstellern aus Chicago, aber es geht auch um Journalismus. Hierzu finden Wechselausstellungen statt.

085ch Abb.: mb

› *Das American Writers Museum*

das Auditorium Theatre (s. S. 74) wird zu verschiedenen Zwecken, u. a. vom Joffrey Ballet, genutzt. Neben dem Auditorium erhebt sich das stilistisch nicht unähnliche **Fine Arts Building** (410 S Michigan Ave.), 1884/85 nach Plänen von Solon S. Beman erbaut. 1917 zog das Studebaker Theatre ein, ein Kinotheater, dessen Lobby damals als Ausstellungshalle für die Fahrzeuge der Autofirma Studebaker diente.

An seine Tage als Büro einer legendären Eisenbahngesellschaft erinnert nur noch der Name: Das **Santa Fe Building** (224 S Michigan) war nach Plänen von D. H. Burnham 1904 als Chicagoer Zentrale der Santa Fe Railroad errichtet worden.

Neben dem Sante Fe Building wurde 1905 das **Symphony Center** (s. S. 74) nach Plänen von D. H. Burnham erbaut. Die Orchestra Hall ist u. a. Heimatbühne des weltberühmten **Chicago Symphony Orchestra (CSO).** Der Bau wurde mehrmals renoviert bzw. erweitert, sodass es sich heute um einen mehrteiligen Komplex handelt, dessen Gebäude durch eine Rotunde (von der Michigan Ave. aus erreichbar) verbunden sind.

› Auditorium Building/Theatre, 50 E Congress Parkway, https://auditoriumtheatre.org, Touren $ 18 (Details s. Website)

⑮ Lakeshore East ★ [E5]

Östlich der Michigan Avenue und nördlich des Millennium Park beginnt **Lakeshore East,** ein Viertel mit sehenswerten Wolkenkratzern. Es erstreckt sich nördlich des Millennium Park (E Randolph St.) zum Fluss hin (E Wacker Dr.) bzw. zwischen Michigan Ave. und Seeufer (Lakeshore Dr.). Eingeläutet wurde das Revival in den 1960er-/1970er-Jahren durch das **Illinois Center,** bestehend aus einer Reihe wegweisender Bauten, für die besonders Mies van der Rohe und dessen Schüler Fujikawa Johnson & Associates verantwortlich zeichneten. Herausragend sind **One** (111 E Wacker Dr.) und **Two Illinois Center** (150 E South Water St.), beide von Mies van der Rohe (1969/72).

Einer der neuesten und auffälligsten Wolkenkratzer in Lakeshore East ist der **Aqua Tower** (430 E Waterside Dr.). Es handelt sich nicht nur um den größten bis dato von einer Frau (Jeanne Gang) geplanten Bau, er zählt auch zu ungewöhnlichsten modernen und „grünen" Gebäuden der Stadt. Im Inneren befinden sich ein Hotel und Wohnungen. Studio Gang hat es verstanden, eine schlichte Box durch unterschiedlich geschwungene weiße Betonbalkone und reflektierendes Glas zur Skulptur zu machen. Dasselbe Architekturbüro plante am Wacker Drive den **Vista Tower/St. Regis Chicago.** Dieses 95-geschossige, dreiteilige, kristalline Turmgebilde wurde 2020 als dritthöchster Wolkenkratzer Chicagos fertiggestellt.

Alles überragend, wenn auch architektonisch eher schlicht, ist das 1973 von den Büros Edward Durell Stone/Perkins & Will erbaute **AON Center.** Wesentlich auffälliger, mit einer Spitze, die einem Uhrzeiger gleicht, präsentiert sich der Bau westlich daneben: **Two Prudential Plaza** (180 N Stetson Ave., 1990), kurz „Pru Two" genannt. Loebl, Schlossmann & Hackl zitieren offensichtlich das New Yorker Chrysler Building. Östlich vom AON Center erhebt sich der 1996 begonnene und seither mehrmals erhöhte schlicht-moderne Bau der Krankenversicherungsgesellschaft **Blue Cross/Blue Shield.**

Central Lakefront

Der Grant Park bildet das Kernstück der Lakefront, eines einzigartigen, über 40 km langen Grünstreifens zwischen Stadt und Seeufer. Er zieht sich als Erholungslandschaft mit Badestränden und anderen Attraktionen über 124 Blocks vom Süden mit dem Jackson Park nordwärts bis zum Lincoln Park.

Der **Grant Park** (das Kernstück) beginnt am Millennium Park und reicht südwärts bis zum Burnham Park mit dem **Museum Campus.** Aufgrund der Tatsache, dass dieses Areal weder industriell noch privat bebaut werden darf, sind zu Anfang des 20. Jh. mehrere Museen entstanden, die diesem Teil seinen Namen gaben. Der **Burnham Park** wiederum zieht sich südwärts bis zum Messezentrum McCormick Place. Schon in den 1990er-Jahren war der viel befahrene **Lake Shore Drive** – im Volksmund **„LSD"** – nach Westen an den Parkrand verlegt worden und dadurch hat das Areal als durchgehender Grünstreifen an Attraktivität gewonnen.

16 Millennium Park ★★★ [D6]

Noch vor 25 Jahren befand sich hier ein tristes Industrieareal mit Eisenbahnschienen. Als im Juli 2004 der Millennium Park unter großem Aufsehen eröffnet wurde, änderte sich alles. Dieser Park gilt inzwischen als Wahrzeichen und Aushängeschild Chicagos und als Musterbeispiel für eine gelungene Symbiose von Architektur, Kunst und Landschaft.

Der Park – das Gesamtkonzept stammt von SOM – bildet eine Art **green roof** (grünes Dach) über der Metra Randolph Street Station (S-Bahn) und erstreckt sich über knapp zehn Hektar. Gegenüber dem Chicago Cultural Center an der Ecke Randolph St./Michigan Ave. bildet der **Wrigley Square,** benannt nach dem Stifter der Anlage, der Wm. Wrigley Jr. Company Foundation, einen guten Ausgangspunkt für einen Rundgang.

⊻ *Der Jay Pritzker Music Pavilion im Millennium Park*

032ch Abb.: mb

033ch Abb.: mb

Am Nordende dieses Platzes steht das **Millennium Monument**, eine Kopie des Baus, den Edward Bennett 1917 an dieser Stelle als Teil des Burnham-Plans realisiert hatte. 1953 war das Original zerstört und ein Nachbau in verkleinertem Maßstab mit halbkreisförmiger Basis und 24 jeweils 13 m hohen dorischen Säulen installiert worden. Südlich an den Wrigley Square schließt der **Ice Rink at McCormick Tribune Plaza** an. Die Eisbahn ist von Ende November bis März in Betrieb, im Sommer wird der Platz von Park Grill und Park Café, für Ausstellungen u. a. Veranstaltungen genutzt.

Etwas erhöht im Osten befindet sich auf einer Plattform die **Grainger Plaza (vormals AT&T Plaza)** mit dem **„Cloud Gate"**, einem Kunstwerk des britischen (1954 in Indien geborenen) Künstlers Anish Kapoor. Die elliptische Metallinstallation wiegt an die 100 t, ist etwa 20 m lang, 10 m hoch und gut 14 m breit. Die von Einheimischen wegen der Form **„The Bean"** genannte Skulptur wurde von einer Firma in Oakland (Kalifornien) hergestellt, in fast 170 Einzelteilen vor Ort zusammengeschweißt und im Sommer 2005 auf Hochglanz poliert. Dank der reflektierenden Oberfläche kommt es zu fantastischen Spiegelungen der Skyline. Noch bis Frühjahr 2024 wird die Grainger Plaza um die Bean herum neu gestaltet.

Hinter der Stahlskulptur kreuzt die **Chase Promenade** den Millennium Park und bietet Raum für Ausstellungen, Stände und Veranstaltungen. Fast automatisch fällt der Blick von hier auf das Herzstück des Parks: den **Jay Pritzker Music Pavilion and Great Lawn.** Diese Open-Air-Bühne von Stararchitekt Frank O. Gehry gehört zu den aufsehenerregendsten Bauten – oder, wie Gehry selbst meint, „Skulpturen" – der Stadt. Das Ungewöhnlichste an der Struktur ist das Dach, eine 40 m hohe monströse, silbern glänzende, vielfach gefaltete und geschwungene Stahlkonstruktion. Benannt ist der Konzertpavillon nach dem lokalen Geschäftsmann Jay Pritzker, der mit seiner Frau den „Pritzker Architecture

Prize" ins Leben gerufen hat. Diese Auszeichnung hatte Gehry 1989 gewonnen, war den Pritzkers seither verbunden und konnte daher für das Projekt gewonnen werden.

Den östlichen Abschluss des Millennium Park zum Columbus Drive bzw. See hin bildet die **BP Pedestrian Bridge**, die bislang einzige Brücke im Oeuvre von Gehry. Wie eine Schlange windet sie sich am Parkrand entlang über den Columbus Drive hinüber zum **Maggie Daley Park.** Dieser 2015 eröffnete Teil wurde von Landschaftsplanern der Firma Michael Van Valkenburgh aus Brooklyn/New York gestaltet, wobei Bürger der Stadt ihre Ideen einbringen konnten. Er bietet nun vielerlei Gelegenheit für Aktivitäten, u. a. eine Climbing Wall, den Skating Ribbon (Eislauf-/Skaterbahn), den Play Garden (Spielplatz), Tennis- und Picknickplätze sowie den Cancer Survivors' Garden.

Weniger auffällig sind an der nördlichen Park-Schmalseite (Randolph St.) die beiden **Exelon Pavilions** im Schatten des AON Center. Für Besucher sind die mit schwarzem Glas verkleideten Bauten wichtig, die das **Harris Theater** – mit über 1500 Zuschauerplätzen und von zwölf Musik- und Theatergruppen der Stadt bespielt – flankieren: Im nordwestlichen Pavillon befindet sich das **Millennium Park Welcome Center** (s. S. 111), im Northeast Pavilion u. a. ein Souvenirladen. Die Pendants im Süden, am Monroe Drive, führen zur Parkgarage und alle vier fungieren dank Sonnenreflektoren zugleich als Energielieferanten für den Park.

Wenige Schritte weiter östlich stößt man auf eine Einrichtung, die Chicagos Ruf als „Fahrradstadt" untermauert: das **McDonald's Cycle Center** (s. S. 117). Es verfügt nicht nur über mehrere Hundert Radstellplätze in einer beheizbaren Halle, sondern auch über Schließfächer, Duschen, eine kleine Werkstatt und ein Café. Dazu gibt es eine Verleihstation und es werden Fahrradtouren veranstaltet.

Der **Lurie Garden** – südlich des Great Lawn, in der Südostecke des Parks – ist eine urbane Oase und ein Highlight für botanisch Interessierte und Hobbygärtner. Entworfen wurde die Gartenanlage von der schwedischen Landschaftsarchitektin Kathryn Gustafson in Zusammenarbeit mit Piet Oudolf und Robert Israel. Der Park symbolisiert die Entwicklung Chicagos zur „Urbs in horto", zur Gartenstadt, und bietet eine sich jahreszeitlich attraktiv verändernde, überwiegend der ursprünglichen Prärielandschaft nachempfundene Bepflanzung.

Von der Südwestecke des Great Lawn führt der 190 m lange **Nichols Bridgeway** als Stahl- und Aluminiumkonstruktion über die Monroe Street hinauf zum Modern Wing des Art Institute ⓱ mit Café und Terrasse. Brücke, Pavillons und Museumsanbau stammen von dem weltberühmten italienischen Architekten Renzo Piano.

Der Rundgang durch den Millennium Park endet im Süden bei einem weiteren Highlight: dem **Crown Fountain.** Die Brunnenanlage des spanischen Künstlers Jaume Plensa aus Barcelona (*1955) besteht aus zwei rund 15 m hohen, ständig wasserüberspülten Glastürmen an beiden Enden eines nur wenige Zentimeter tiefen „Reflecting Pools". Da der Boden des Beckens aus weichem,

◁ *„Cloud Gate" im Millennium Park ist ein Kunstwerk von Anish Kapoor* rutschfestem Material besteht, ist hier ein beliebtes Kinderplanschbecken entstanden. Die beiden Türme sind mit LED-Bildschirmen ausgestattet und zeigen auf den einander zugewandten Seiten wechselnde Porträts von etwa 1000 Chicagoans. Die überdimensional groß projizierten Köpfe wechseln alle fünf Minuten und spritzen durch ihre Münder Wasserfontänen ins Becken.

› E Randolph St./S Michigan Ave./ E Monroe St., www.chicago.gov/city/en/depts/dca/supp_info/millennium_park.html, Brown, Green, Orange, Pink oder Purple Line: „Randolph“, Park tgl. 6–23 Uhr
› **Infos zu Touren** im Millennium Park Welcome Center (s. S. 111) bzw. unter https://chicagogreeter.com
› **Maggie Daley Park:** http://maggiedaleypark.com, Park tgl. 6–23 Uhr
› **Lurie Garden:** www.luriegarden.org, tgl. 6–23 Uhr

17 Art Institute of Chicago ★★★ [D6]

Größenmäßig ist das Art Institute of Chicago mit seinen fast 300 Galerien vergleichbar mit dem Metropolitan Museum in New York. Es gilt als größtes Museum im Mittleren Westen und zählt auch, was die Sammlung angeht, zu den besten Kunstmuseen der USA.

Die Sammlung umfasst über 300.000 Kunstobjekte auf mehreren Ebenen und in verschiedenen Gebäudeteilen und reicht von alten chinesischen Bronzen und ägyptischen Fayum-Porträts über Bilder von z. B. Botticelli, Monet und Warhol bis hin zu afrikanischen Holzschnitzereien, Ritterrüstungen, japanischen Holzschnitten, Glasbriefbeschwerern oder Miniaturräumen verschiedener Länder und Epochen (Thorne Miniature Rooms). Berühmt ist das Museum zum einen für seine Sammlung amerikanischer Kunst, zum anderen für die einzigartige Sammlung von Meisterwerken des Impressionismus und Nachimpressionismus.

Das Art Institute geht auf die am 24. Mai 1866 gegründete **Chicago Academy of Design** zurück, die sich ab 1879 „Chicago Academy of Fine Arts“ nannte. Schnell wuchs die Sammlung an und nach einer neuerlichen Umbenennung in „The Art Institute of Chicago“ zog man 1887 in ein Gebäude an der Ecke Michigan Ave./ Van Buren St., das 1885 bis 1887 nach Plänen von John Wellborn Root aus dem Büro Burnham & Root erbaut worden war. Bereits im Dezember 1893 erfolgte aus Platzgründen ein neuerlicher Umzug in den derzeitigen Kernbau von Shepley, Rutan & Coolidge.

Der für die World's Columbian Exposition **1893 im Beaux-Arts-Stil** mit klassizistischem Dekor erbaute und danach zum Museum umfunktionierte massige Kalksteinbau erhebt sich über einem Sockel aus Quadermauerwerk und wird oben durch einen Fries abgeschlossen, der eine Nachbildung der Panathenäen-Prozession vom Fries des Parthenon auf der Athener Akropolis zeigt.

Im Laufe der Jahrzehnte kamen diverse **Anbauten** hinzu, zum Beispiel 1977 der sehenswerte Stock Exchange Trading Room von Sullivan/ Adler, 1893/94 erbaut, 1972 demontiert und durch das Büro Vinci/ Kenny rekonstruiert. Im Mai 2009 eröffnete der Modern Wing im Nordosten. Letzterer ist nicht nur über den Hauptzugang erreichbar, sondern zugleich auch durch den **Nichols Bridgeway** mit dem Millennium Park 16 ver-

086ch Abb.: mb

bunden. Der **Modern Wing** – in dem v. a. die zeitgenössische Kunstsammlung untergebracht ist – gilt als „grüner Bau“, als umweltfreundlich und energiesparend, und erhielt eine LEED-Silber-Zertifizierung. Die Pläne für diesen Bau aus Glas, Stahl und Kalkstein stammen vom italienischen Architekten Renzo Piano.

Eine große **Freitreppe**, die seit 1893 von Löwen des Bildhauers Edward L. Kemeys (1843–1907) – Symbole für Unbeugsamkeit (S) bzw. Jagdlust (N) und nach Sporterfolgen in Vereinstrikots gekleidet – gerahmt wird, führt an der Michigan Ave. hinauf in den alten Kernbau, in das große zentrale Treppenhaus des **Allerton Building.** Von hier aus gehen Korridore zu Kassen, Shop und in die Ausstellungssäle.

› 111 S Michigan Ave., www.artic.edu, Brown, Green, Orange, Pink oder Purple Line: „Adams“, Mo., Fr.–So. 11–17, Do. 11–20 Uhr, $ 32, enthalten im CityPASS

⌃ *Der Buckingham Memorial Fountain im Grant Park*

18 Grant Park ★★ [E7]

Der Grant Park zählt zu den ältesten Parks der Stadt. Sein Kern geht auf das alte Fort-Dearborn-Areal zurück, die Keimzelle der Stadt, welches als „Staatsland“ nicht besiedelt werden durfte. Ursprünglich „Lake Park“ genannt, handelte es sich zunächst nur um ein schmales Stück Land zwischen Lake Michigan und Michigan Ave. Allerdings war für dieses 1836 festgeschrieben worden, dass es **„forever open, clear and free“,** also „allzeit offen, unbebaut und frei zugänglich“ sein solle. Nur der Illinois Central Railroad war es 1852 erlaubt worden, Schienen zu verlegen, allerdings musste sie sich dafür verpflichten, einen Steindamm als Wellenbrecher zu bauen. Nach dem Großen Feuer von 1871 wurden die Trümmer der zerstörten Gebäude im See entsorgt und damit neues Land für eine Vergrößerung des Parks gewonnen.

Daniel Burnhams 1909 vorgelegtes Gesamtkonzept für die Stadtentwicklung, der **„Plan of Chicago“,** sollte wegweisend für die Zukunft werden.

Der Plan sah eine breite Uferpromenade mit Parks, Lagunen, Stränden, Bootshäfen und Inseln vor. Obwohl die Ideen nie komplett umgesetzt wurden, basiert die Anlage der Lakefront grundsätzlich darauf. Zwischen 1917 und 1929 machte sich das Büro Bennett, Parsons, Frost & Thomas – Edward H. Bennett war 1909 an Burnhams Plan beteiligt gewesen – an die Realisierung: Nach dem Vorbild französischer Gartenanlagen gestaltete man einzelne „Parkräume" mit formalen Beeten und Baumreihen sowie Architekturelementen im Beaux-Arts-Stil.

Der Park, begrenzt durch die Randolph St. im Norden, den Lake Michigan im Osten, die Michigan Ave. im Westen und den Museum Campus (Roosevelt Rd.) im Süden, umfasst rund 80 ha an Grünflächen. Dreh- und Angelpunkt ist der **Clarence F. Buckingham Memorial Fountain**, nach französischem Muster 1927 entstanden und im Jahr 2008 runderneuert. Bekannt wurde der Brunnen durch den Trailer der Serie „Married with Children" („Eine schrecklich nette Familie"). Die Wasserfontänen und das Beleuchtungssystem sind heute computergesteuert und schießen aus 134 Wasserdüsen im Sommer einmal stündlich für 20 Minuten 45 m hohe Wasserfontänen in den Himmel. Am Abend zeigt der Brunnen untermalt von Musik ein sehenswertes Farbenspiel (jeweils zur vollen Stunde, 20 Min.).

Die Monumentalität der Brunnenanlage wird durch ihre Lage am Schnittpunkt von E Congress Parkway (West-Ost-Achse) und einer Nord-Süd-Achse mit formalen Rosengärten und Baumalleen verstärkt. Die Grünanlage am Zugang von der Michigan Ave. aus, die **Congress Plaza**, entstand erst 1929. Flankiert wird dieser Zugang von den Eagle Fountains, zwei nicht mehr aktiven Brunnen von 1931, und von zwei Statuen reitender Indianer, nach den benutzten Waffen als „Spearman" und „Bowman" (1928, von Ivan Mestrovic) bezeichnet.

Zwei weitere sehenswerte **Skulpturen** befinden sich nahe dem Eingangsbereich: Im Norden, Höhe van Buren St., gibt es eine **Sitzstatue von Abraham Lincoln**, die Augustus Saint-Gaudens 1908 schuf, die aber erst 1926 aufgestellt wurde. Südlich des Eingangs (S Michigan/E Balbo Ave.) steht seit 1991 **„The Spirit of Music"** (1923, Albin Polasek), in Erinnerung an Dirigenten und Musiker des Chicago Symphonie Orchestra.

Am südlichen Ende des Grant Park führt ein *pedestrian underpass*, ein Fuß- bzw. Radweg, vom Lake Shore Dr. zum **Burnham Park** mit dem **Museum Campus.** Anfang des 20. Jh. wurden hier mehrere **Kultureinrichtungen** – Field Museum ⑲, Shedd Aquarium ⑳ und Adler Planetarium ㉑ – eingerichtet. Südlich schließt sich das Gelände der Weltausstellung von 1933, der **Century of Progress International Exposition**, an.

› Infos: www.chicagoparkdistrict.com/parks-facilities/grant-park, Brown, Green, Orange, Pink, Purple Line: „Adams/Wabash", Red, Blue Line: „Jackson"

⑲ Field Museum of Natural History ★★★ [E9]

Das Field Museum of Natural History gehört zu den kulturellen Highlights der Stadt und ist ein beliebtes Familienziel. Viel bestauntes Aushängeschild ist das „Maskottchen" des Museums: der Dinosaurier „Sue", das Skelett eines Tyrannosaurus Rex.

Ehe man das Museum betritt, sollte man von der mächtigen Freitreppe den grandiosen Blick auf den Grant Park und die **Skyline Chicagos** bis hin zum Navy Pier genießen – „The City from the Field“, wie die Einheimischen sagen. Vor dem Museum fällt ein hoher Totempfahl ins Auge. Der **„Big Beaver Totem Pole“** von Norman Tair vom Stamm der Nisga'a-Indianer aus Kincolith (British Columbia) erzählt die Geschichte des Großen Bibers und weist auf die sehenswerte und einzigartige Abteilung „People of the Northwest Coast“ im Museum hin.

Die **Wurzeln** des naturgeschichtlichen und anthropologischen Museums liegen in der World Columbian Exposition von 1893. Einige der Ausstellungsstücke stammen noch von damals, doch erst eine Spende über mehrere Millionen Dollar von Marshall Field ermöglichte 1906 den Bau. Architekt Burnham hatte ursprünglich ein Museum im Grant Park, am Ostende des Congress Parkway, vorgesehen, aber Montgomery Wards gerichtliches Vorgehen gegen Bebauungspläne hatte das Projekt verzögert. Kaufhausbesitzer Field überzeugte schließlich die Illinois Central Railroad, Aufschüttungsland am Seeufer, am damaligen Südrand des Grant Park, für das neue Museum abzutreten.

Mit rund 72.000 m² Fläche zählt das Field Museum neben dem Museum of Natural History in New York und dem National Museum of Natural History in Washington zu den größten naturgeschichtlichen Museen der Welt. Es besitzt angeblich über 19 Mio. Exponate aus den Bereichen Geologie, Mineralogie, Paläontologie, Botanik, Zoologie und Anthropologie. Auswählen ist sicherlich nötig!

Hauptattraktion ist das 13 m hohe, ungefähr 70 Millionen Jahre alte **Skelett eines Tyrannosaurus Rex,** genannt **Sue.** Es wurde im Jahr 1990 in South Dakota entdeckt und gilt als das weltweit am besten erhaltene Tyrannosaurus-Rex-Skelett. Rings um Sue entstand nach der letzten Restaurierung 2018 eine komplett neue Abteilung, die nicht nur Informationen zu diesem speziellen Dinosaurier, sondern zu den Urzeit-Giganten im Allgemeinen liefert. Mit Panorama-Leinwänden und interaktiven Shows wird die Welt der Dinos zu neuem Leben erweckt, dazu wird mittels einer Lightshow Sues Körperbau erläutert.

In der Abteilung **„Maritime People of the Arctic and Northwest Coast“** stehen die Indianer und Inuit des Nordwestens im Mittelpunkt. **„Africa“** bietet Gelegenheit zu einer Reise durch den afrikanischen Kontinent von einst und jetzt, während im Obergeschoss die große Ausstellung **„Pacific Spirits“** über die Kultur der Südsee informiert.

In der **Grainger Hall of Gems** sind rund 500 Edelsteine und Mineralien zu bewundern, darunter eine Kopie des Hope-Diamanten.

Eine neue, sehenswerte Abteilung auf dem Main Level ist **„Native Truth: Our Voices, Our Stories“**, in der Traditionen und Geschichte von Native Americans unterschiedlicher Kulturkreise behandelt werden.

Highlights im Untergeschoss sind **„Inside Ancient Egypt“**, die altägyptische Abteilung mit dem Nachbau eines Pharaonengrabes und einer Siedlung, und das viel besuchte **Underground Adventure.** Dort zeigt eine unterirdische Ausstellung in 100-facher Vergrößerung die Welt aus der Sicht eines Käfers.

› 1400 S Lake Shore Dr., www.fieldmuseum.org, tgl. 9–17 Uhr (16 Uhr letzter Einlass), $ 30 (ohne Sonderausstellungen und 3D-Theater), Gesamtticket $ 43 (auch im CityPASS enthalten), Red Line: „Roosevelt", besser: Bus 146: „Field Museum"

20 John G. Shedd Aquarium ★★ [F9]

In Sichtweite des Field Museum steht ein 1928/29 entstandener, eleganter klassizistischer Bau aus weißem Marmor. In ihm verbirgt sich seit 1930 **eines der größten und meistbesuchten Aquarien der Welt.**

Das **Caribbean Reef** mit tropischen Fischen und einem Korallenriff ist ein Highlight des Aquariums, ebenso das **Abbott Oceanarium.** Untergebracht in einer halbrunden, modernen Glas-Stahl-Konstruktion, die seit 1991 die Rückseite des Baus zum See hin umschließt, ist es die Heimat von Belugawalen, Ottern, Delfinen und Pinguinen. Mit seinen gut 11 Mio. Litern Salzwasser gilt es als das **weltweit größte geschlossene Meeressäuger-Habitat.** Thema ist die pazifische Nordwestküste.

Das **Wild Reef** ist einem Korallenriff auf der pazifischen Vulkaninsel Apo Island (Philippinen) nachempfunden. **„At Home on the Great Lakes"** befasst sich mit der lokalen Wasserwelt und in **„Waters of the World"** geht es um das Leben in Flüssen und Seen weltweit. Dem Schutz der Meeresbewohner und ihrer Lebensräume hat sich das zugehörige **Daniel P. Haerther Center for Conservation and Research** verschrieben.

Derzeit finden **Renovierungs- und Umbauarbeiten** statt, um neue, zeitgemäße Ausstellungsbereiche zu schaffen und den Zugangsbereich einladender zu gestalten. Das Aquarium bleibt aber dennoch geöffnet.

› 1200 S Lake Shore Dr., tgl. zumeist 9–17 Uhr (Details siehe Website), $ 39,95 (auch im CityPASS enthalten), www.sheddaquarium.org, Nahverkehr wie Field Museum 19

087ch Abb.: mb

21 Adler Planetarium ★ [G9]

Es war ein deutscher Immigrant namens **Max Adler**, der das Planetarium in Auftrag gab. 1930 entstand nach Vorbild klassisch-römischer Rundbauten oder Mausoleen ein streng geometrischer, **zwölfeckiger Bau** aus grauem Granit, bekrönt von einer Kupferkuppel. An den zwölf äußeren Ecken wurden vertikal zum Himmel strahlende Scheinwerfer angebracht, zudem Bronzeplaketten von Alfonso Ianelli (1888–1965), die die zwölf Tierkreis-

Hinter dieser altehrwürdigen Fassade leben Fische und andere Wasserbewohner

zeichen nach Ptolemaios (Astronom 367/66–283/82 v. Chr.) zeigen.

Auf dem Platz vor dem Planetarium steht eine **Sonnenuhr** von Henry Moore aus dem Jahr 1980, das Wahrzeichen des Planetariums, zudem eine Statue, die an **Nikolaus Kopernikus** (1473–1543) erinnert. Von den Stufen der großen Freitreppe aus eröffnet sich ein **traumhafter Blick auf die Skyline,** ehe es durch bronzene Türen hineingeht ins Planetarium. In den Räumen rings um den zentralen Kuppelraum mit dem **Grainger Sky Theater** (mehrere immersive Sky Shows), in dem auch der Nachthimmel durch ein Teleskop betrachtet werden kann, gibt es eine Einführung in unser Sonnensystem und die Milchstraße. In den Etagen darunter – mit Space Theater (Sky Shows) und Johnson Star Theater (3D-Filme) – geht es vor allem um historische Geräte zur Weltraumforschung wie Sonnenuhren oder Teleskope, dazu lohnt sich besonders die Abteilung „Astronomy in Culture".

Im Osten des Adler Planetariums steht das **Doane Observatory,** dessen Spiegel mit einem Durchmesser von 0,5 m ideal zu Himmelsbeobachtung ist.

› 1300 S Lake Shore Dr., Mo., Fr.–So. 9–16, Mi. 16–22 Uhr, Basistarif $ 19 (auch im CityPASS enthalten), mit einer Show $ 28, mit allen sechs zur Auswahl stehenden Shows $ 65, www.adlerplanetarium.org, Red Line: „Roosevelt", besser: Bus 146: „Adler Planetarium"
› **Infos zum Doane Observatory:** www.adlerplanetarium.org/explore/exhibits/doane-observatory

22 Soldier Field ★ [E10]

Unübersehbar dominiert das **Soldier Field** den Burnham Park. Es ist die Heimat der **Chicago Bears,** der beliebten American-Football-Profimannschaft der Stadt. Bereits der Stadtplan Burnhams von 1909 hatte ein **großes Stadion im Grant Park** vorgesehen, doch auch in diesem Fall

Die Bären sind los!

Seit 1971 heißt der Hauptmieter des Soldier Field 22, eines technisch brillant ausgestatteten Stadions mit 61.500 Plätzen, **Chicago Bears.** Die professionelle American-Football-Mannschaft ist Mitglied der renommierten NFL (National Football League). Gegründet 1920 im ländlichen Decatur, östlich von Springfield, der Hauptstadt von Illinois, siedelte George S. Halas (1895–1983) die Bears schon ein Jahr später nach Chicago um.

Halas war Teambesitzer, Spieler und Trainer in einer Person und ist eine Legende, weil er den Verein im American Football groß gemacht hat. Auch wenn die Bears regelmäßig in der oberen Tabellenhälfte mitmischen, konnte die Mannschaft allerdings bis dato nur einmal die begehrte Meistertrophäe (Super Bowl) der NFL holen: am 26. Januar 1986 nach einem 46:10-Erfolg über die New England Patriots. Die Stars dieser Meistermannschaft, Trainer Mike Ditka und Spieler wie Mike Singletary, Jim McMahon oder Walter Payton, sind bis heute unvergessen. Besonders der 1999 verstorbene Payton zählt zu den Symbolfiguren des Vereins: Er trug 13 Jahre lang (1975–1987) das Trikot der Bears und lieferte unzählige unvergessliche Spiele.

› Infos: www.chicagobears.com, www.soldierfield.com

konnte erst nach Landaufschüttungen 1919/20 jenseits des Geländes der Illinois Central Railroad gebaut werden. Den Architekturwettbewerb gewann die renommierte Firma Holabird & Roche und nach ihren Plänen wurde von 1922 bis 1926 ein ungewöhnlicher, hufeisenförmiger Entwurf umgesetzt. Eröffnet wurde das Stadion am 27. November 1926 mit dem traditionsreichen American-Football-Spiel zwischen den Teams der Army und der Navy (Endstand 21:21).

Den Namen erhielt das Stadion im Gedenken an die Soldaten des Ersten Weltkriegs und es behielt ihn auch, nachdem es im Rahmen des Chicago Lakefront Improvement Plans bis 2003 umgebaut und modernisiert worden war. Markenzeichen sind die beiden monumentalen dorischen Kolonnaden an der West- und Ostflanke und der halbkreisförmige Südkomplex, die South Wall. Diese Teile stehen unter **Denkmalschutz** und mussten von den Planern in den futuristischen Neubau integriert werden.

› 425 E McFetridge Dr., Red Line: „Roosevelt", besser Bus 146: „Soldier Field" bzw. „Field Museum", Touren ($ 20): www.soldierfield.com/stadium-tours

Near North Side

Neben dem Loop und der Central Lakefront lockt vor allem die unmittelbar nördlich an den Chicago River angrenzende Region Near North Side. Ihr Aushängeschild ist die „Mag Mile" und die Devise lautet „Shop till you drop".

Die Region – bestehend aus River North, Streeterville, Gold Coast und Old Town – wird vom Chicago River (im Süden), dessen Nordarm (im Westen), der North Ave. (im Norden) und dem Lake Michigan (im Osten) begrenzt. Viele der historischen Gebäude wurden bereits in Eigentumswohnungen umgewandelt, da es in den letzten Jahren wieder angesagt ist, im oder zumindest nahe am Loop zu wohnen. Hauptattraktionen des Viertels sind die **Magnificent Mile** – Chicagos weltberühmte Einkaufsstraße – und der **Navy Pier** – ein beliebtes Vergnügungsareal auf einem historischen Hafenpier.

088chm Abb.: mb

㉓ Michigan Avenue Bridge ★ [D4]

Das „Zugangstor" zur Mag Mile ist die Michigan Avenue Bridge, eine 1920 erbaute **Zugbrücke** über den Chicago River. Die Reliefs an den Brückenköpfen erzählen die Geschichte der Stadt, die Markierungen im Süden erinnern an das alte Fort Dearborn. Im südwestlichen Brückenhaus informiert das **McCormick Bridgehouse & Chicago River Museum** (s. S. 59) über die Bedeutung des Flusses. Entlang dem Süd-

Blick von der Michigan Avenue Bridge auf die Ausflugsboote am Chicago River

ufer entstand der **Chicago Riverwalk.** Diese Promenade bildet verschiedene Abschnitte und verbindet Cafés, historische Infotafeln und Bootsanlegestellen zwischen der State Street im Osten und der Lake Street im Westen.

› N Michigan Ave./E Wacker Dr., Red Line: „Grand", geeigneter sind Busse wie Nr. 3, 146, 147, 151 bis „Michigan/ Wacker"

MEIN TIPP

Chicago Architecture Center (CAC)

Das Chicago Architecture Center (CAC) wurde 1966 gegründet und bietet die wohl besten **Touren mit Architekturfokus** in Chicago an (s. S. 120). 2018 zog man vom historischen Railway Exchange Building an den Wacker Drive in einen von Mies van der Rohe geplanten Bau von 1970 um.

Hinter dem Empfangsbereich (Tourbuchung/Anmeldung) befindet sich ein gut sortierter **Laden** mit Produkten, v. a. Büchern, zum Thema Architektur. Zudem gibt es zwei (kostenpflichtige) Ausstellungsbereiche: Unten in der **Chicago Gallery** steht neben der architektonischen Entwicklung der Stadt das sehenswerte aktualisierte Stadtmodell, bestehend aus nun 3000 Gebäuden, im Mittelpunkt. Ein Film und eine interaktive Lightshow erläutern die Details.

Im OG, in der **Skyscraper Gallery,** finden – bei großartigem Ausblick durch das Panoramafenster auf den Chicago River und die Michigan Ave Bridge (wo die Bootstouren starten) – Wechselausstellungen statt. Eine **Lecture Hall** und ein **Design Store** gehören ebenfalls zum Center.

M1 [D4] **Chicago Architecture Center (CAC),** 111 East Wacker Drive, www.architecture.org, Fr.–Mo. 10–16 Uhr, Eintritt Ausstellungen: $ 14, erm. $ 10, Kinder unter 5 Jahren frei

24 Wrigley Building ★★ [D4]

Nach dem Bau der Michigan Avenue Bridge 1920 bildete sich hier ein zweites Zentrum heraus. Den Anfang machten **vier markante Bauten:** das **Wrigley** und das **London Guarantee Building (1923)** im Westen und der **Tribune Tower** (1925) und das **333 North Michigan Building** (1928) im Osten der Brücke.

Das **Wrigley Building** entstand zwischen 1919 und 1921 und wurde 1923/1924 um einen „Zwillingsbau" im Norden erweitert. Besonders die Zweiteilung des höheren Südtrakts in einen Basisblock und einen aufragenden, gut 120 m hohen Turm, der der

Kaugummi als Zugabe

William Wrigley Junior (1861–1932), geboren in Philadelphia, arbeitete schon 13-jährig als Seifenvertreter in der Firma seines Vaters, Wrigley's Scouring Soap. 1891 übernahm er die Leitung des Waschmittelvertriebs des Unternehmens in Chicago und legte dort den Grundstein für sein späteres Imperium. Durch die Beigabe eines Backpulverdöschens versuchte Wrigley anfangs, sein Waschmittel für Kunden attraktiver zu machen. 1892 gab es dann als neuesten Gag zum Backpulver noch zwei Streifen Kaugummi dazu. Der Kaugummi wurde schnell zum Renner, Wrigley kaufte den Kaugummi-Zulieferbetrieb auf und konzentrierte sich ab 1911 ganz auf Kaugummiherstellung. Die Familie interessierte sich jedoch auch für Sport: 1921 erwarb William Wrigley die Chicago Cubs und ihr Baseballstadion, um beides 1981 wieder zu verkaufen. 2008 wurde die Firma Wrigley von Mars Inc. übernommen.

Chicago River – neues Leben für den Fluss

Der Chicago River ist nur einer von vielen Flüssen und Kanälen in Chicago, allerdings der kurioseste, da er vom See wegfließt. Das war nicht immer so: Einst mündete der Chicago River in den Lake Michigan. Nachdem jedoch lange Zeit das Abwasser unkontrolliert über den Fluss in den See geleitet worden war, begann 1892 der Bau des Chicago Drainage Canal, heute **„Sanitary and Ship Canal"** genannt. Dieser über rund 40 km parallel zum alten Illinois-Michigan-Kanal verlaufende Abwasserkanal, gut 8 m tief und 50 bis 100 m breit, wurde im Januar 1900 eingeweiht – und plötzlich floss der Chicago River nicht mehr in den See, sondern in den Kanal und weiter zum Mississippi.

In den 1970er-Jahren wurde eine neue Kanalisation nötig und das **Tunnel and Reservoir Project** wurde aus der Wiege gehoben: Es handelt sich um eine ca. 200 km lange Reihe unterirdischer Wasserkanäle und Rückhaltebecken. Zudem wird gereinigtes Abwasser wieder dem Fluss zugeführt.

Anfang des 21. Jh. erkannte die Stadt den Chicago River wieder als Lebensader und Erholungsidyll und startete das Projekt **Chicago Riverwalk.** Man begann mit dem Abschnitt zwischen N Lake Shore Dr. und State Street, es folgte das Stück zwischen dem Bootsanleger **The Marina** (State bis Dearborn St.), **The Cove** (eine Art Strand mit Sitz- und Imbissgelegenheiten, Dearborn bis Clark St.) und **The River Theater** (Clark bis LaSalle St.). Letzteres ist eine stufenartige Anlage zum Sitzen und für Veranstaltungen, wird aber auch als Bootsanleger genutzt.

Im Dezember 2016 wurde der vorläufig letzte Abschnitt, von der La Salle bis zur Lake Street, gestaltet von Ross Barney Architects and Sasaki, fertiggestellt. Er besteht aus drei thematisch unterschiedlichen Teilen: **Water Plaza** (LaSalle bis Wells St.) bietet eine Brunnenanlage zur Abkühlung und Imbissgelegenheiten. Bei **The Jetty** (Wells bis Franklin St.) lernt man mehr über den Fluss, über Ökologie und Fische, es gibt „Floating Wetlands" und Wassergärten. **The Boardwalk** (Franklin bis Lake St.) führt vom Riverwalk zum Upper Wacker Drive und bietet einen grandiosen Ausblick auf die drei Äste des Chicago River.

Der Riverwalk hat sich zum beliebten Treff entwickelt und es sind u. a. zahlreiche **Imbisslokale, Bars und Cafés** (nur Mai–Okt.), aber auch **Kajak- und Bootsverleihstellen** entstanden. Im Sommer gibt es Livemusik. Auch dem Fluss geht es besser: Dank verbesserter Wasserqualität tummeln sich wieder verschiedene Fischarten in den Fluten und andere Tiere lassen sich im Uferbereich nieder.

› **Infos:** www.chicago.gov/city/en/sites/chicagoriverwalk/home.html und www.choosechicago.com/articles/free-and-cheap/chicago-riverwalk

› **Urban Kayaks** (s. S. 118)

2 [D4] **Chicago Brewhouse Riverwalk,** 33 E Riverwalk, https://chicagobrewhouse.com. Biere verschiedener lokaler/regionaler Kleinbrauereien und dazu kulinarische Spezialitäten aus verschiedenen Stadtvierteln.

3 [C5] **City Winery,** 11 W Riverwalk S. (s. S. 72)

4 [E4] **Island Party Hut,** 355 Chicago Riverwalk. Tiki-Bar & Grill.

5 [D4] **O'Brien's Riverwalk Café** $$, 45 E Riverwalk S. Amerikanische Küche.

Giralda in Sevilla gleicht, fallen auf. Er wird bekrönt von einer Kopie des Athener Lysikrates-Monuments und fungierte einst als Aussichtspunkt. Bauherr und Besitzer dieses Komplexes, der aus zwei separaten, aber durch zwei Brücken – eine über dem Sockelbereich, die andere, später zugefügte weiter oben – verbundenen Hochhäusern um einen Innenhof besteht, war die berühmte **Kaugummifirma William Wrigley Jr. Company,** die hier bis 2012 ihren Hauptsitz hatte (s. S. 37). Dank einer Klausel im Kaufvertrag mit den neuen Besitzern darf das Gebäude nicht umbenannt werden, obwohl die Firma Wrigley hier längst nicht mehr ansässig ist.

› 400–410 N Michigan, Red Line: „Grand“, besser u. a. Bus 3, 146, 147, 151: „Michigan/Grand“

25 Chicago Tribune Tower ★★ [D4]

Der **Chicago Tribune Tower** wurde zwischen 1923 und 1925 als Bürohaus nach einem Entwurf von Raymond Hood und John Mead Howells erbaut. Der damalige Herausgeber der renommierten Tageszeitung, der legendäre **Colonel Robert R. McCormick,** hatte es sich mit dem Neubau seiner Zentrale nicht leicht gemacht: 1922 hatte er einen **Architekturwettbewerb** ausgerufen und unter den 264 Einsendungen gewannen ausgerechnet New Yorker Architekten.

Das festungsartige Gebäude mit gotisierenden Elementen kam zwar den Forderungen nach Funktionalität und Berücksichtigung des „Zoning Law“, der gültigen Bauvorschriften, nach, griff aber auf die Gotik als „einzig wahre Architektur“ zurück, was nicht unbedingt als „modern“ angesehen und daher vielfach kritisiert wurde.

Bis 1982 waren in dem Bau nicht nur die Büros der Zeitung, sondern auch die Druckerpressen untergebracht, dann zog die Produktion an den Nordarm des Chicago River um. **Bruchstücke von weltbekannten Bauten,** die Korrespondenten der Zeitung ihrem Chef als Souvenirs von Reisen mitbrachten oder die er geschenkt bekam, wurden in Augenhöhe an der Außenfassade des Baus **eingemauert.** Darunter befinden sich Teile der Berliner Mauer, der Cheops-Pyramide, der Chinesischen Mauer, des Athener Parthenon, aber auch von Grabmälern und Steinproben historischer Orte.

› 435 N Michigan Ave., Red Line: „Grand“, besser jedoch u. a. Bus 3, 146, 147, 151: „Michigan/Grand“

26 Magnificent Mile ★★★ [D3]

Jenseits der Brücke beginnt die Magnificent Mile. Sie ist vom Chicago River bis zum Ende an der Oak Street tatsächlich eine Meile (1,6 km) lang. Heute gilt der Abschnitt der N Michigan Avenue als prominente Einkaufsmeile.

Der werbewirksame Name „Magnificent Mile“ bzw. kurz „Mag Mile“ kam für den Nordteil der Michigan Avenue im Jahr 1946 auf, als sich große Kaufhäuser und exklusive Spezialläden angesiedelt hatten. Heute fällt es schwer, sich vorzustellen, dass sich um 1920 hier, nördlich des Flusses, noch sumpfiges Brachland befunden haben soll. An einem heißen Sommertag im Juli 1886 hatte **George Wellington „Cap“ Streeter,** Bürgerkriegsveteran, Händler, Show- und Zirkuspromoter – ein „jack of all trades“ („Hansdampf in allen Gassen“) –, sein Schiff bei Niedrigwasser dort, wo heute das Hancock Center steht, auf Sand gesetzt. Damals reichte der See noch bis zur heutigen Michigan Ave. Da das Wasser in jenem heißen Sommer nicht steigen wollte, baute sich „Cap" einfach eine Straße zu seinem Schiff und bot den Baufirmen, die in der nahen Gold Coast Häuser errichteten, an, ihren **Bauschutt** einfach um sein Schiff herum aufzuschütten.

Im Laufe der Zeit entstand auf diese Weise **Neuland,** allerdings lag dieses gemäß der Landvermessung von 1821 eigentlich im See und Schlitzohr Streeter erklärte „sein" Land kurzerhand als der Bundesregierung in Washington, D.C., unterstellt und ernannte sich selbst zum Gouverneur des neuen Bundesstaates. Bis 1918 konnte er seinen **„District of Lake Michigan"** gegen den Zugriff der Stadt behaupten. Heute ist das Areal zwischen Mag Mile und Lake Michigan nach ihm benannt: **Streeterville** ist ein Wohnviertel mit dem **Museum of Contemporary Art** (s. S. 59) als Attraktion.

Schon 1909 war im Burnham-Plan ein „europäischer Boulevard" entlang der Pine Street, wie die Michigan Avenue einst hieß, vorgesehen gewesen, doch erst der Bau der Michigan Avenue Bridge 1920 initiierte den **Ausbau der Straße.** Nicht nur Wohnbauten, sondern auch Kaufhäuser und Luxushotels entstanden und bald mauserte sich die Straße neben der State Street zur zweiten Shoppingmeile der Stadt. Heute kommt man v. a. wegen der **Luxusboutiquen** und **Einkaufszentren** hierher (z. B. 900 North Michigan, s. S. 77), die zwischen altehrwürdigen Hotels und – als neuester Errungenschaft – einem schicken Riesen-Starbucks mit Dachterrasse (s. S. 70) ansässig sind.

Das Ende der Mag Mile, dort wo der **Oak Street Beach** beginnt (s. S. 41), markiert das **Drake Hotel** (s. S. 123). Es war zu Silvester 1920 mit einem großen Ball eröffnet worden und fungierte damals als glamouröser Treff von Stars wie Marilyn Monroe, von Adeligen und Politikern. Noch immer gilt es als „Grand Dame" der Hotels und Genießer finden sich gerne zum „Five o'Clock Tea" im Palm Court ein.

› N Michigan Ave., www.themagnificentmile.com, Red Line: „Grand", besser u. a. Bus 3, 146, 147, 151: mehrere Haltestellen entlang der Michigan Ave.

27 Water Tower ★ [D2]

Markante Punkte an der Mag Mile sind **Water Tower** und **Water Works,** Teile des Old Chicago Water Tower District. Der zweiteilige Komplex aus Wasserturm (1869) und Pumpenstation (1866, Umbau 2003) hatte sogar den Großen Brand von 1871 überstanden. Heute befindet sich im ehemaligen Wasserturm auf der westlichen Straßenseite der Mag Mile die **City Gallery,** eine Ausstellungshalle für Wechselausstellungen.

Auf der östlichen Straßenseite sind ins Pumpenhaus eine Filiale der Public Library, das **Lookingglass Theatre** (s. S. 75) und andere Kulturorganisationen eingezogen. In dem modernen Bau gegenüber dem Eingang an der Chestnut Street befindet sich das Einkaufszentrum **Water Tower Place** (s. S. 77).

› 806 N Michigan Ave., Red Line: „Chicago" oder u. a. Bus 3, 146, 147, 151: „Michigan/Chicago"

Oben: Drink mit Aussicht in der CloudBar von 360 Chicago

Unten: Das John Hancock Center ist architektonisch wegweisend

Mein Tipp

Erholung am Strand

Den Abschluss der Mag Mile bildet der **Oak Street Beach**, durch einen Fußgängertunnel neben dem Drake Hotel (s. S. 123) erreichbar. Der Sandstrand ist sauber und weitläufig und lädt zum Sonnenbad oder (im Hochsommer) sogar zum Schwimmen ein.

•6 [D1] **Oak Street Beach**, Michigan Ave./N Lake Shore Dr., im Sommer mit Imbisslokalen, Cafés und Bars sowie Lakefront Trail, Infos: www.chicagoparkdistrict.com/parks-facilities/oak-street-beach

089ch Abb.: mb

28 John Hancock Center/360 Chicago ★★★ [D2]

Neben dem Willis Tower ist das John Hancock Center der dominante Blickpunkt in Chicagos Skyline. „Big John" entstand fünf Jahre vor dem Willis Tower und erinnert mit seinen diagonalen Strebepfeilern eher an einen Käfig oder eine Brückenkonstruktion.

1965 bis 1969 wurde der Wolkenkratzer nach Plänen von Bruce Graham und Ingenieur Fazlur R. Khan – beide Mitarbeiter des Architekturbüros SOM – erbaut. Die Bauhöhe von 344 m – mit den beiden Antennen misst „Big John" sogar 459 m – zwang die Erbauer zur Anwendung einer damals noch wenig erprobten Methode: Eine Rohrkonstruktion trägt die Außenwände, Innenstützen ergänzen die Konstruktion.

Die von Khan entwickelte Diagonalverstrebung wurde zum Markenzeichen des Baus, ebenso die Verschlankung nach oben und die Verkleidung mit dunklen, eloxierten Aluminiumplatten und bronzefarbenem Glas. Bei dem ein paar Jahre später vom selben Planungsteam entworfenen Sears (heute Willis) Tow-

037ch Abb.: mb

er 9 kam hingegen ein ästhetisch attraktiveres Konzept mit zurückspringenden Baumodulen zum Einsatz.

Die **Aussichtsplattform** ist zwar um neun Etagen niedriger als die des Willis Tower, aber dennoch eröffnet sich von **„360 Chicago“** im 94. Stock ein toller Ausblick. Das Erlebnis beginnt mit einer **Ausstellung über die Geschichte Chicagos** und seine Neighborhoods, dann geht es per Aufzug hinauf auf rund 305 m Höhe. Mittels interaktiver Touchscreens lernt man mehr über die Sights unten und in der Ferne, der **CloudWalk** bietet ein 3D-Wandbild mit tollen Foto-Gelegenheiten. **TILT!** gewährt Besuchern einen neuen, spektakulären Blick auf die Stadt: Acht Personen stehen an bodentiefen Fenstern, die langsam nach vorn kippen, bis sie in einem 30°-Winkel über der Stadt „schweben“. Schön ausklingen lassen kann man das Erlebnis bei einem Cocktail in der **CloudBar.**

› 875 N Michigan Ave., Red Line: „Chicago“ oder u. a. Bus 3, 146, 147, 151: „Michigan/Chestnut“, 360 Chicago täglich 9–23 Uhr (letzter Zugang 22 Uhr), Tickets ab $ 30 (auch im CityPASS enthalten), https://360chicago.com

29 Navy Pier ★★ [G4]

Der Navy Pier ist ein viel besuchtes **Vergnügungsareal** in Streeterville, dem Viertel zwischen Mag Mile und Lake Michigan, und v. a. für Familien ein beliebter Anziehungspunkt. Mit Riesenrad, Karussell, Ausflugsbooten, Bühnen und Feuerwerk, einem Kindermuseum (s. S. 58) sowie einem Shakespeare Theater (s. S. 75) hat er für jeden Geschmack etwas zu bieten. Dazu kommen Läden, Imbisslokale und Restaurants wie Chef Art Smith's Reunion (s. S. 62), die Billy Goat Tavern (s. S. 62) und die neue Rooftop-Bar Offshore Rooftop.

Der Pier hat eine wechselvolle Geschichte hinter sich. Nach dem „Master Plan of Chicago“ von D. H. Burnham sollten an Chicagos Seeufer fünf Piers entstehen. Realisiert wurde jedoch nur dieser eine, ein rund 2,5 km langer Anlegepier für Fracht- und Passagierschiffe nahe der Mündung des Chicago River. Auf der einen Seite des Piers legten Frachtschiffe, auf der anderen Passagierdampfer an und an der Spitze wurde eine Veranstaltungshalle errichtet.

1916 eröffnet, wurde der Municipal Pier bis 1946 vorwiegend von der Marine genutzt, dann diente er als Teil des Uni-Campus und als Hafen. 1977 wurde er unter Denkmalschutz gestellt und renoviert. Vor dem 100. Geburtstag im Jahr 2016 fanden erneut umfangreiche Bauarbeiten statt, die den Pier wesentlich attraktiver machten.

Nebenan fällt die **James W. Jardiness Water Purification Plant** ins Auge, eine der größten Trinkwasseraufbereitungsanlagen der Welt.

› 600 E Grand Ave., https://navypier.org, Bus Nr. 29, 65, 66 oder 124

› **Offshore Rooftop,** https://navypier.org/location/offshore-rooftop, Mi., Do. 15–21, Fr., Sa. 11–22, So. 11–21 Uhr

30 River North ★ [C3]

Als River North wird das Viertel zwischen dem Chicago River und dessen Nordarm bzw. zwischen Michigan und Chicago Ave. bezeichnet. Das ehemalige Industrie- und Arbeiterquartier hat sich mittlerweile zum **schicken Ausgehviertel** entwickelt.

Vor allem unter Kunstfreunden hat River North einen guten Ruf: Hier gibt es die größte Konzentration von **Kunstgalerien** außerhalb von Manhattan. Speziell in **„SuHu“**, dem Bereich zwischen Superior und Huron St., wächst der Gallery District ständig und reicht inzwischen im Norden bis zur Chicago Ave. bzw. im Westen bis zur Orleans St.

1983 wurde in River North **McDonald's Chicago Flagship** als zweite Niederlassung der Kette – nach dem Startschuss im Chicagoer Vorort Des Plaines 1955 – eröffnet. Sie gilt als eine der meistbesuchten Filialen der Welt. Einst voll mit Andenken aus der Blütezeit des Rock'n'Roll, wurde der Bau 2018 inlusive einer Ausstellungsfläche komplett neu errichtet.

› **McDonald's Chicago Flagship,** 600 N Clark St., Red Line: „Grand“

31 Washington Square/Gold Coast ★ [C2]

Gold Coast – das Areal zwischen Lake Michigan (O) und LaSalle St. (W) sowie Oak St. bzw. Washington Square (S) und North Ave. (N) – ist Teil von River North. Um 1900 waren in dem bevorzugt von Deutschen bewohnten Viertel Luxusvillen, aber auch größere Apartmenthäuser entstanden. Ein Spaziergang durch die denkmalgeschützte **Astor Street** zeigt noch heute den einstigen Glanz und Luxus. Auch in den kreuzenden Straßen, bezeichnenderweise nach Goethe oder Schiller benannt, finden sich Stadtvillen, in denen man gerne wohne würde.

Das Herz der Gold Coast schlägt am **Washington Square,** Chicagos erstem öffentlichen Park von 1842. Er galt einst als berüchtigter Treff streikender Arbeiter und Zentrum des **Free Speech Movement.** An seinem Nordrand fällt die **Newberry Library,** zugleich Bibliothek und Forschungs- sowie Bildungseinrichtung, ins Auge, am Ostrand die **Scottish Rite Cathedral** (935 N Dearborn St.) von 1867. Nur wenige Schritte vom Washington Square entfernt liegt nicht nur die Mag Mile, sondern auch die **Rush Street,** die rund um die Division Street viel zu bieten hat.

› Red Line: „Chicago“

B7 [C2] **Newberry Library,** 60 W Walton St., www.newberry.org. Veranstaltungen, Ausstellungen und Buchladen sowie Touren (www.newberry.org/visit).

32 Old Town ★ [dk]

Bis Mitte des 19. Jh. galt Old Town als „Vorgarten“ der Stadt, denn hier hatten sich viele **deutsche Bauern** niedergelassen. Auch nach dem Brand von 1871 blieb Old Town ein Zentrum deutscher Immigranten und lange Zeit nannte man den Abschnitt der North Ave. bis zur Halsted St. auch **„German Broadway“.** Heute ein **exklusives Wohnviertel,** liegt das Zentrum um die **N Wells Street** südlich und nördlich der North Ave. mit zahlreichen Läden, Restaurants und Cafés. Eine Institution ist die **Piper's Alley Mall** (230 W

039ch Abb.: mb

⊡ *Old Town ist ideal für einen Einkaufsbummel und zum Essen*

North Ave.), 1974 bis 1977 nach Plänen des postmodernen Stararchitekten Stanley Tigerman erbaut. Außer Shops und Lokalen befinden sich hier ein Kinokomplex und Bühnen wie das **Second City Theatre,** in dessen Foyer ein Terrakottafries vom abgerissenen Schiller Theater (von Adler & Sullivan) mit den Porträts bedeutender deutscher Dichter und Philosophen angebracht ist.

› Brown/Purple Line: „Sedgwick" oder Bus Nr. 22 oder 36: „North/Clark"

33 Chicago History Museum ★★ [dk]

Gegründet wurde das Museum bereits 1856 von der **Chicago Historical Society (CHS).** Unter dem Motto **„Chicago: Crossroads of America"** geht es in dem sehenswerten multimedialen Museum mit vielen 1:1-Modellen (Pioneer Locomotive, „L" Car Nr. 1 etc.) um die **Geschichte der Stadt,** von Fort Dearborn und „Frontier Chicago" über Abraham Lincoln und das Große Feuer („City on Fire" – sehr interessant!) bis hin zur Gegenwart. Eine weitere höchst sehenswerte Abteilung heißt „Facing Freedom in America" und ebenfalls neu hinzugekommen ist ein Kino. Auch der Bau selbst ist interessant: 1932 von Graham, Anderson, Probst & White (Fassade zum Lincoln Park) errichtet, fügten 1988 Holabird & Root die moderne Clark Street Addition hinzu. 1989 wurde davor die **Skulptur** „Commemorative Ground Ring" von Sheila Klein aufgestellt.

› 1601 N Clark St./North Ave., am Lincoln Park, Brown/Purple Line: „Sedgwick" oder Bus Nr. 22 oder 36: „North/Clark", Di.–Sa. 9.30–16.30, So. 12–17 Uhr, $ 19, www.chicagohistory.org. Mit Café, gut sortiertem Museumsshop und vielseitigem Veranstaltungskalender.

Chicagos Neighborhoods

Chicagos „Neighborhoods" – offiziell sind es 77 – sind vielseitig und dazu leicht erreichbar. Es sind nur zum Teil echte ethnische Viertel, manche wirken wie eigenständige kleine Gemeinden, andere sind von einer bestimmten Gruppe geprägt oder strahlen ein besonderes Flair aus.

Die vormals zahlreich existierenden ethnischen Viertel haben sich in den letzten 50 Jahren stark verändert. In den 1950er- und 1960er-Jahren zogen Menschen aus dem Zentrum in die *suburbs,* die Vororte, und dort blieben nur noch rudimentär ethnische Charakteristika wie spezielle Läden oder Restaurants erhalten.

Ein gutes Beispiel für diese Entwicklung ist das Viertel **Pilsen:** Um 1910 galt es noch als drittgrößte böhmische Stadt der Welt, heute ist es Zentrum der Spanisch sprechenden Chicagoans, v.a. von Mexikanern, und wird „Little Village" genannt.

Auch **Lincoln Square,** einst fest in deutscher Hand, trägt mit Ausnahme von ein paar Läden und Kneipen kaum noch deutsche Züge. Entsprechendes gilt für **Little Italy,** wohingegen sich in **Greektown** oder **Chinatown** das Typische besser erhalten hat. Eine Topadresse in Chicago ist die **North Side:** Direkt an River North grenzt zunächst der **Lincoln Park** an, daran wiederum **Lakeview** mit Wrigleyville und **Northalsted (Boystown)** 35. Weiter im Norden liegt **Uptown,** wo das einst schwedische Andersonville (s. S. 67) ein zweites Zentrum der LGBT-Szene geworden ist. Die Devon Avenue wird wegen ihrer ethnischen Vielfalt auch „United Nations" genannt. An der Argyle Street zwischen N Sheridan und N Broadway gibt es eine große vietnamesische Gemeinde und entsprechende Imbissgelegenheiten.

Südlich des Loop erstreckt sich die **South Side**, zunächst die **Near South Side** mit dem Prairie Avenue National Historic District und Chinatown 38. Weiter Richtung Süden folgt Bridgeport, einst ein irisches Viertel. Hier lag mit den Union Yards der berühmte Schlachthof und hier befindet sich das Baseballstadion der White Sox (Guaranteed Rate Field 39).

Im Westen und Süden der Stadt lebt die Mehrheit der afroamerikanischen und hispanischen Bevölkerung. **Far South** umfasst Historic Bronzeville, das historische Zentrum der Afroamerikaner, außerdem Hyde Park 40 mit dem Campus der University of Chicago, dem Kenwood Historic District, dem Washington Park sowie dem Weltausstellungsgelände von 1893 im Jackson Park mit dem Museum of Science and Industry 41 und bald dem neuen Obama Presidential Center. Im Westen liegt die **West Side** mit dem angesagten **West Loop**, zu dem der Fulton Market District gehört, dessen Hauptachse die Randolph Street bildet, die sich ideal für einen kulinarischen Bummel eignet. Little Italy, das ehemalige Italienerviertel, Greektown (S Halsted St., W Van Buren–W Adams St., www.greektownchicago.org) und der Maxwell Street Historic District gehören dazu.

Im Zentrum der **Lower West Side** liegt Pilsen, das ehemalige tschechische Viertel, heute schwerpunktmäßig von Latinos bewohnt. Sehenswert ist hier das National Museum of Mexican Art (s. S. 60). Lebhaft ist die **Northwest Side** mit Wicker Park und Bucktown 42 sowie W Division St./Humboldt Park mit puerto-ricanischem Flair. Außerdem befinden sich im Nordwesten noch „Reste“ von Polish Chicago.

34 Lincoln Park Zoo ★ [dk]

Lincoln Park im Norden der Innenstadt ist Viertel und Park zugleich. In Letzterem befindet sich der **Lincoln Park Zoo.** 1868 eröffnet, gilt er als einer der ältesten in Nordamerika. Nach etlichen Schenkungen konnte der Zoo 1874 endlich selbst sein erstes Tier kaufen: ein Bärenjunges („cub“), das derart beliebt wurde, dass sich der 1876 gegründete Baseballverein den Spitznamen „Cubs“ gab.

Im Nordwesten des Tierparks liegt das **Lincoln Park Conservatory** von 1893. Es handelt sich um einen großen, ab den 1860er-Jahren angelegten Gewächshauskomplex mit sehenswerten Palmen-, Farn- und Orchideenabteilungen.

› **Lincoln Park Zoo,** 2200 N Cannon Dr./Fullerton Pkwy., www.lpzoo.org, tgl. mind. 10–17 Uhr, Gebäude und Farm 10–mind. 16.30 Uhr, Eintritt frei

★8 [dj] **Lincoln Park Conservatory,** 2391 N Stockton Dr./Fullerton Pkwy., www.chicagoparkdistrict.com/parks-facilities/lincoln-park-conservatory, Mi.–So. 10–17 Uhr, Eintritt frei

35 Northalsted (Boystown) ★ [ci]

Lakeview, nördlich an **Lincoln Park** anschließend, ist lebendig und vital und wird aufgrund der (noch) niedrigeren Immobilien- und Mietpreise stärker von einer **alternativen, jungen Szene** bevölkert. Bis zur Mitte des 19. Jh. handelte es sich um eine Art „Vorgarten der Stadt“, 1857 erhielt man Stadtrecht, wurde zum **„Lake View Township“** und lockte wohlhabende Chicagoans an. Mit der Eingemeindung begann die Urbanisierung, doch der Charakter einer Gartenstadt blieb erhalten, mitsamt den vormals verbreiteten Biergärten und dem Baseballstadion 36.

Der Ausbau der „L" nach Norden sorgte ab 1900 für weiteren Zuzug – unter anderem vieler Deutscher wie der Dichterin Emerenz Meier. **Northalsted (NoHa)** – der neue, „politisch korrekte" Name für Boystown – liegt im Bereich zwischen N Halsted St. und Broadway sowie Belmont Avenue und Addison St. Hier schlägt das Herz des Viertels, das als Zentrum der **LGBT community** gilt und mit Bars, Nachtclubs, Restaurants, ausgefallenen Shops und dem Center on Halsted (s. S. 112) sowie dem Legacy Walk aufwartet. Letzterer bietet entlang N Halsted zwischen Belmont Ave. und Grace St. informative Rainbow-Pylone zur LGBT-Geschichte (https://legacyprojectchicago.org/legacy-walk).

› Infos: https://chicagopride.gopride.com/boystown.cfm, Red Line: „Belmont" oder „Addison"

MEIN TIPP

Friedhof der besonderen Art

In dem idyllischen, parkartigen **Graceland Cemetery** liegen z. B. die Architekten Louis Sullivan (1856–1924), Ludwig Mies van der Rohe (1886–1969) oder Daniel Burnham (1846–1912) begraben, außerdem der Unternehmer und Sozialutopist George M. Pullman (1831–1897), der Pianohersteller William W. Kimball (1828–1904) oder die deutsche Dichterin Emerenz Meier. Am Eingang ist ein Plan erhältlich.

•9 [bh] **Graceland Cemetery,** 4001 N Clark St., Red Line: „Sheridan", auch Touren, www.gracelandcemetery.org/tours

36 Wrigley Field ★★★ [ci]

Zugegeben, Wrigley Field war zunächst eigentlich „nur" ein Sportstadion, doch abgesehen davon, dass es sich um eine Legende handelt, hat sich ringsum ein ganzes Stadtviertel – Wrigleyville – entwickelt, das fortwährend durch neue Wohnbauten erweitert wird. Das inzwischen hundert Jahre alte Baseballstadion trotzte allen Stürmen der Zeiten und hat Kultstatus erlangt.

Wrigleyville befindet sich ganz im Norden von Lakeview und wurde nach dem hier gelegenen *ballpark* benannt. Nach dem Fenway Park in Boston von 1912 ist das Wrigley Field das **zweitälteste Baseballstadion der Welt:** 1914 erbaut, fungiert es seit 1916 als Heimat der Cubs. Zachary Taylor Davis hatte im „Goldenen Zeitalter des Baseball" zwischen 1910 und 1925 nicht nur den Comiskey Park für den Lokalrivalen White Sox erbauen lassen (1910), sondern eben auch diesen *ballpark.* Der Name des Stadions geht auf den bekannten Kaugummifabrikanten **William Wrigley** zurück, der lange Vereinsbesitzer war. Bis 1920 hieß es „Weeghman Park", nach Charles H. Weeghman, Besitzer der Federals bzw. Whales (beide Teamnamen wurden benutzt), die ab 1914 in der Federal League spielten. Schon ein Jahr später löste sich die Liga auf und Weeghman kaufte die 1876 gegründeten **Chicago Cubs,** die 1916 ins Wrigley Field einzogen. 2014 feierte man den 100. Geburtstag und anschließend erhielt das Stadion eine viel diskutierte Modernisierung, bei der jedoch der historische Charakter des alten Stadions beibehalten wurde.

› 1060 W Addison, Red Line: „Addison", Infos: www.mlb.com/cubs/ballpark, auch Touren

37 Lincoln Square ★ [ag]

Um den Lincoln Square, einem Teil von **Ravenswood,** finden sich noch deutsche Reminiszenzen. Um 1900 galt Chicago als sechstgrößte „deutsche Stadt" der Welt. Heute sind die Zahlen zwar rückläufig und das deutsche Erbe schwindet allmählich, doch es gibt noch einige Relikte. Im **einstigen Zentrum der deutschstämmigen Chicagoans** begrüßt Besucher nur ein paar Schritte von der L-Station entfernt (N Lincoln Ave/Leland Ave.) ein großes „Lincoln Square"-Schild und dahinter ein gut 9 m hohes, knapp 30 m langes Wandbild, das, allmählich verblassend, ein deutsches Dorf zeigt. Es stammt von Lothar Speer (1991) und zeigt u. a. Rhein und Lorelei, Neuschwanstein, München und Rothenburg.

Dazu kommen eine Handvoll deutscher Läden und Restaurants wie **Prost!** oder das **DANK Haus,** wo Wechselausstellungen gezeigt werden und Veranstaltungen stattfinden. Auf der Lincoln Avenue geht es vorbei an **Carola's Hansa Clipper Bar** (Nr. 4659) und dem einstigen **Krause Music Store** (Nr. 4611) zur **Old Town School of Folk Music** (s. S. 74) mit Bühne, Musikladen und Kursangebot.

- ●10 [ag] **DANK Haus – German American Cultural Center,** 4740 N Western Ave., https://dankhaus.com, Brown Line: „Western"
- ●11 [cj] **Prost!**, 2566 N Lincoln Ave, www.prostchi.com, So.–Do. 11.30–23, Fr., Sa. 11.30–1 Uhr. Kneipe mit deutschem Bier und deutschen Spezialitäten wie Schnitzel und Wurst.

Die Chicago Cubs

Die Chicago Cubs zählen zu den ältesten Baseballvereinen der Welt. Am 25. April 1876 absolvierten sie ihr erstes Profi-Baseballspiel in der National League. Die „NL" bildet heute zusammen mit der American League (AL) die Profiliga „Major League Baseball" (MLB). Damals hießen die Cubs noch „White Stockings",1907 übernahm man den jetzigen Namen, nachdem ein vom Zoo gekaufter junger Bär, ein „cub", zum Liebling der Stadtbewohner im Norden Chicagos geworden war. Das erste Spiel im Wrigley Field bestritten die Cubs am 20. April 1916 gegen die Cincinnati Reds. 1920 wurde das Stadion in „Cubs Park" umbenannt und ein Jahr später hatte der Kaugummi-Baron Wrigley Team und Stadion erworben. Deshalb wurde es 1926 zum „Wrigley Field". Inzwischen sind der „ball park" und die Cubs ein „Wallfahrtsort" für jeden Baseballfan – hier ein Spiel zu erleben, ist ein unvergleichliches Erlebnis. Die Fans stehen seit Generationen treu und enthusiastisch hinter ihrer Mannschaft. Groß war deshalb auch der Jubel im Oktober 2016: Nach Jahrzehnten der Misserfolge holten sich die Cubs endlich wieder den Meistertitel! An den letzten, im Jahr 1908, konnte sich eh niemand mehr erinnern.

› http://chicago.cubs.mlb.com

090ch Abb.: mb

› *Wrigley Field ist eine Sportstätte mit Geschichte*

041ch Abb.: mb

38 Chinatown ★★ [dp]

Der Hochbahn entstiegen, fällt der Blick gleich auf ein Symbol und Wahrzeichen des kleinen Chinatown: die **Nine Dragon Wall.** Das am 9. Dezember 2003 in Chicago eingeweihte Kunstwerk aus glasierten, skulptierten und bemalten Ziegeln ist eine Kopie der Pekinger Dragon Wall und hat die Bedeutung des Drachens in der chinesischen Welt zum Thema. Ehe man in die wuselig-bunte Szene von Old Chinatown eintaucht, lohnt ein kurzer Abstecher ins Zentrum von **New Chinatown.** Zentraler Punkt an der Archer Street ist der **Chinatown Square** von 1993, viel Grün und Wasser bietet der **Ping Tom Memorial Park.**

Old Chinatown beginnt an der Kreuzung Cermak Rd./Wentworth Ave. nahe der L-Station „Cermak/Chinatown". Durchschreitet man das **Chinatown Gate,** taucht man an der Wentworth Ave. in eine bunt-hektische asiatische Welt mit entsprechenden Läden und Lokalen ein.

› Wentworth Ave./Cermak Rd., Red Line: „Cermak/Chinatown"

39 Guaranteed Rate Field ★ [S. 144]

Das **Guaranteed Rate Field** liegt am Ostrand von **Bridgeport.** South Sider sprechen immer noch vom **„Comiskey Park"**, wenn die Rede vom Stadion des zweiten Baseballteams der Stadt, den **White Sox,** ist. 1909 hatte Charles Comiskey, der Boss des Clubs, ein Grundstück an der Ecke 35th/Shields erworben und im Frühjahr 1910 nach Plänen von Zachary Taylor Davis den *ball park* bauen lassen. Am 1. Juli desselben Jahres bezog ihn der Verein.

Blick vom bunten Chinatown Richtung Downtown

Am 30. September 1990 fand das letzte Spiel der Sox im alten Comiskey Park statt. Zum Ärger vieler Fans wurde das alte Stadion abgerissen und gegenüber wurde 1991 ein **Neubau** eröffnet. Auch wenn viele Fans dem alten Stadion noch nachtrauern, gilt das neue als **architektonisch wegweisend.** Es war das erste reine Baseballstadion, das in den 1970er-Jahren im **Retrostil** erbaut wurde.

› Chicago White Sox, 333 W 35th St., Infos und Tickets: www.mlb.com/whitesox, Red Line: „Sox-35th"

40 Hyde Park/ University of Chicago ★ [S. 144]

Weit im Süden der Stadt wird **Hyde Park** von zwei großen Grünanlagen, dem **Washington** und dem **Jackson Park**, umschlossen. Diese sind wiederum durch die **Midway Plaisance**, eine Prachtallee, miteinander verbunden. Gestaltet wurde die Anlage anlässlich der Weltausstellung von 1893 von Frederick Law Olmsted, der durch den New Yorker Central Park bekannt ist, seinem Sohn und Partner John Charles Olmsted sowie Charles Elliot.

Im direkt am Seeufer gelegenen **Jackson Park** (E 56–67th St./S Stony Island Ave.) ist der (japanische) **Garden of the Phoenix** (www.gardenofthephoenix.org) sehenswert, der sich am Nordende von Wooded Island (58th/Lake Shore Dr.), angrenzend an das Museum of Science and Industry 41, befindet. Am Westrand des Washington Park hat dagegen das 1961 eröffnete **DuSable Black History Museum** (s. S. 60) seinen Sitz.

Auch der erste afroamerikanische Präsident der USA, Barack Obama, stammt aus Hyde Park und verhalf dem Viertel zum Beinamen **„First**

„Schwarze Socken" reingewaschen

Als die White Sox am 27. Oktober 2005 erstmals nach 1917 wieder Meister wurden, war der Jubel in Chicagos South Side grenzenlos. Nicht nur die Cubs können nämlich auf eine illustre Baseballgeschichte zurückblicken, auch die White Sox haben Tradition. Charles Comiskey war an der Gründung der American League (AL) – neben der National League (NL) der zweite Teil von MLB (Major League Baseball) – 1899 in Chicago beteiligt gewesen und hatte die St. Paul Saints aus Minnesota gekauft und ein Jahr später nach Chicago umgesiedelt.

Schon im ersten Jahr gewannen die Sox die AL-Meisterschaft, doch Aufsehen erregte man, als sich 1906 die White Sox als Meister der AL und die Cubs als Titelträger der NL in den World Series gegenüberstanden. Die Sox holten sich damals den Titel und auch 1917 feierte man in der South Side die Meisterschaft. 1919 träumten die Fans erneut vom Titel, immerhin waren die Sox hoch favorisiert, doch überraschend verlor das Team in den World Series gegen die Cincinnati Reds.

Was ein Reporter aus Chicago während der Finalspiele schon angedeutet hatte, erwies sich als wahr: Acht Spieler der Sox hatten sich bestechen lassen und schrieben unter dem Schlagwort „Black Sox Scandal" ein trauriges Kapitel Baseballgeschichte. 2005 sorgte man endlich für positive Schlagzeilen, konnte die „schwarzen Socken" rein waschen und den Fluch des Skandals vergessen machen.

Bronzeville

Östlich an das Garanteed Rate Field 39 schließt sich Bronzeville an. Das Viertel galt im frühen 20. Jh. als **„Black Metropolis"**, da sich hier viele Afroamerikaner aus den Südstaaten niedergelassen und die Region zum wirtschaftlichen und kulturellen Zentrum gemacht hatten. In die Schlagzeilen geriet das Viertel immer wieder wegen der hohen Kriminalität und anderen sozialen Problemen. Dagegen gehen heute Initiativen und Gruppen verstärkt an, z. B. durch **Renovierungsprojekte** rund um die Bronzeville Winery (s. S. 62) – übrigens eines der besten afroamerikanischen Lokale der Stadt! Hauptachse ist die **State Street,** auch „The Stroll" genannt.

› Green Line „35th-Bronzeville-IIT"
› Infos: www.choosechicago.com/neighborhoods/bronzeville

Neighborhood". Derzeit entsteht das **Obama Presidential Center** (Eröffnung Ende 2025 geplant, www.obama.org/presidential-center) mit der vollständig digitalen Barack Obama Presidential Library (www.obamalibrary.gov).

Aufgrund der Entfernung vom geschäftigen Stadtzentrum hatte sich hier Mitte des 19. Jh. ein eigenständiger Ort entwickelt. Das änderte sich schlagartig, als das **Township of Hyde Park** 1889 eingemeindet, 1892 die Uni gegründet und 1893 die Weltausstellung ausgerichtet wurde. Nach der Ausstellung blieben die Grünanlagen erhalten und das Viertel entwickelte sich zur beliebten Wohnadresse. Wer Geld hatte, ließ sich von einem mehr oder weniger renommierten Architekten ein Haus im Grünen errichten – wie das **Frederick C. Robie House** (s. S. 59). 1908 bis 1910 erbaut, gilt es als Paradebeispiel für den Prairie Style und wurde von seinem Erbauer, Frank L. Wright, als „cornerstone of modern architecture" bezeichnet. Hier kamen erstmals in der Wohnarchitektur Stahlträger zum Einsatz, die die weiten Dachvorsprünge möglich machten und dem Bau im Inneren Leichtigkeit und Transparenz verliehen.

Im Zentrum von Hyde Park befindet sich die renommierte, 1890 gegründete **University of Chicago** (heute rund 19.000 Studenten). Finanziert durch Spenden von John D. Rockefeller und angelegt auf einem vom Kaufhausmagnaten Marshall Field gestifteten Grundstück, genießt die Hochschule bis heute hohes Ansehen. Sie hat zahlreiche Nobelpreisträger hervorgebracht, unter ihnen der Schriftsteller Saul Bellow (1976), der Physiker Werner Heisenberg (1932), der Wirtschaftswissenschaftler George Stigler (1982) und Präsident Barack Obama (2009). Ebenfalls hier studierten der Astronom Edwin Hubble (1889–1953), die Schriftsteller Susan Sontag (1933–2004), Kurt Vonnegut (1922–2007) und Philip Roth (1933–2018), der Komponist Philip Glass (*1937) oder auch der Journalist und Autor Studs Terkel (1912–2008).

Zu den sehenswerten Bauten auf dem Campus gehören das **Institute for the Study of Ancient Cultures** (s. S. 59), das **Smart Museum of Art** (s. S. 60), das durch einen zentralen Turm markierte **Chicago Theological Seminary** (1855) oder die aufgrund ihrer 63 m Höhe unübersehbare **Rockefeller Memorial Cha-**

pel. Rings um **The Quadrangles,** den 1891 von Henry Ives Cobb angelegten Hauptplatz, gruppieren sich die ältesten Bauten der Uni nach dem Vorbild der englischen Oxford University. Das **Cobb Gate** (E 57th St.), das gotisierende Nordtor zum Campus, ist mit teils skurrilen Figuren verziert, die die vier Studienjahre (Freshman, Sophomore, Junior, Senior) symbolisieren.

An eine wissenschaftlich bedeutende und zugleich heftig kritisierte Errungenschaft der Universität erinnert die **Nuclear Energy Sculpture** (Ellis Ave./57–56th St.). Die Bronzeskulptur von Henry Moore markiert den Ort des ersten Atomreaktors der Welt, „Chicago Pile-1", an dem Enrico Fermi und sein Team am 2. Dezember 1942 die erste kontrollierte atomare Kettenreaktion auslösten.

› Bus 2, 4 oder 6 sowie Metra (Electric Line/South Shore Line) „55/56/57th St."
› **Tipp:** Mitte Juni findet das Hyde Park Summer Fest statt – ein Neighborhoodfest mit Konzerten, Ständen etc. auf dem historischen Midway Plaisance von der 1893 World's Fair.

41 Museum of Science and Industry ★★★ [S. 144]

Das MSI ist ein Wissenschaftsmuseum, das vergleichbar ist mit dem Deutschen Museum in München. Wegen der vielen interaktiven Ausstellungsstücke ist es besonders attraktiv für Familien, allerdings sollte man mindestens einen halben Tag einplanen und früh kommen, da sich schnell Schlangen bilden.

Das einzige noch erhaltene Gebäude der Weltausstellung von 1893 ist der Palace of Fine Arts und in ihm befindet sich seit 1933 das Museum of Science and Industry. Die Ähnlichkeit mit dem **Deutschen Museum** ist nicht zufällig: 1911 war Museumsgründer Julius Rosenwald begeistert von einer München-Reise nach Chicago zurückgekehrt, es sollte allerdings noch bis zum 19. Juni 1933 dauern, ehe der ehemalige Palace of Fine Arts als erstes interaktives Museum in Nordamerika in Teilen eröffnet wurde. Im Laufe der Jahre kamen mehr und mehr Abteilungen und Ausstellungsstücke (heute über 35.000) dazu und so eroberte sich das MSI seinen Platz auf der Liste der 15 Topmuseen der Welt.

Im **Untergeschoss**, neben der großen Zugangshalle (Great Hall) mit Kassen und Shop, steht der „Pioneer Zephyr", der erste Dieselzug, der am 26. Mai 1934 Denver verließ und 13 Stunden und fünf Minuten später in Chicago eintraf. Die 1633 km legte

070ch Abb.: mb

Das MSI 41 lässt den Besucher auch selbst aktiv werden

der Zug mit einer Durchschnittsgeschwindigkeit von 124 km/h zurück. Im **Erdgeschoss** befinden sich die v. a. für Kinder interessanten Abteilungen, ein OMNIMAX-Theater und das „Henry Crown Space Center“ mit dem Apollo 8 Command Model, eine „Übungskapsel“ für Astronauten. Extratouren gibt es durch das U-505 Submarine, ein deutsche U-Boot, das am 4. Juni 1944 vor der afrikanischen Küste von einem US-Kommando aufgespürt und gekapert wurde.

Im ersten **Obergeschoss** sieht man u. a. „The Great Train Story“ (eine riesige Modelleisenbahn), Flugsimulatoren der Navy, „Take Flight“ – das Original einer Boeing 727 – oder „Yesterday's Main Street“, eine Zeitreise durch das Chicago um 1910. Der Nachbau eines Kohlebergwerks der 1930er-Jahre gibt Gelegenheit zu einer simulierten Fahrt 184 m unter Tage. Weitere informative Abteilungen befassen sich mit Gesundheit und Körperfunktionen, Stürmen und Schiffen oder der Verbreitung des Schalls.

› 5700 Lake Shore Dr./57th St., tgl. 9.30–16 Uhr, $ 25,95 (nur Museum), Flex Pass $ 49,95 (auch im CityPASS enthalten), www.msichicago.org, Bus 2 oder 6 sowie Metra (Electric Line/South Shore Line) „55/56/57th St.“

42 Wicker Park, Bucktown und The 606 ★★ [ak]

Die benachbarten westlichen Viertel Bucktown und Wicker Park gelten als **Shoppingmekka** für Liebhaber ausgefallener Retro- oder Vintage-Kleidung, trendiger Accessoires, Musik, Bücher und Antiquitäten. Dazu gibt es **Lokale, Cafés** und **Treffs für Nachteulen.**

Für Aktive ist der **Bloomingdale Trail,** auch **The 606** genannt, das Richtige. Nach dem Vorbild der New Yorker High Line hat man einen etwa 5 km langen Abschnitt einer stillgelegten Eisenbahn-Hochtrasse quer durch Wicker Park umgestaltet. Er wird vor allem von den Anwohnern sportlich genutzt, es gibt aber auch einige Aussichtspunkte, Sitzareale, Kunstprojekte und Bepflanzung.

Da die **Milwaukee Avenue** die Hauptachse der Viertel ist, kann man beide gut gemeinsam erkunden. Die North Avenue trennt die beiden Viertel: Im Süden, im Dreieck N Milwaukee Ave., Damen Ave. und Division St., liegt **Wicker Park,** um die Kreuzung North/Damen Avenue erstreckt sich **Bucktown.** An der Kreuzung Milwaukee/Bloomingdale, nördlich der North Ave., gibt es einen Zugang zum Bloomingdale Trail.

› Infos: www.the606.org bzw. www.bloomingdaletrail.org

› Blue Line: „Damen“, „Division“ bzw. „Western“

Ausflüge

Chicago ist weitläufig und deshalb kann man die Fahrt zu einigen Attraktionen, die eigentlich innerhalb des Stadtgebiets liegen, bereits als Ausflug bezeichnen. Gemeint sind beispielsweise Oak Park im Westen oder der Chicago Botanic Garden im Norden. Die legendäre Route 66 nimmt ebenfalls ihren Ausgang in Chicago und lädt zur Erkundung ein.

43 Oak Park ★★★ [S. 53]

Oak Park ist nicht nur ein idyllischer Villenvorort im Westen der Stadt und Geburtsort von Ernest Hemingway, sondern war vor allem die Wohn- und Wirkungsstätte des Architekten Frank Lloyd Wright. Er hat hier den

„Prairie Style“ als ersten ureigenen amerikanischen Baustil aus der Wiege gehoben.

Im **Frank Lloyd Wright Prairie School of Architecture National Historic District** sind mehrere Häuser vom Reißbrett des berühmten Architekten versammelt. Am besten beginnt man die Tour im **Frank Lloyd Wright Home & Studio.** Hier lebte der Architekt von 1889 bis 1909 mit seiner ersten Frau Catherine Tobin und sechs Kindern und entwarf im zugehörigen Büro mehr als 150 Häuser. 1974 erwarb der Frank Lloyd Wright Trust den Bau, ließ ihn in den Zustand von 1909 versetzen und machte ihn der Öffentlichkeit zugänglich.

Im Umkreis von Wrights Wohnhaus stehen seine ersten Bauten, die quasi „schwarz“ gebaut wurden, als er noch bei Adler & Sullivan tätig war: das **Robert Parker House** (1019 Chicago St., 1892) und das **Thomas H. Gale House** (1027 Chicago St., 1892). Das **Walter H. Gale House** von 1893 ein Stück weiter (1031 Chicago St.) war Wrights erste offizielle selbstständige Arbeit und noch stark an den Queen-Anne-Stil angelehnt. Die Chicago Avenue stößt auf die alleeartige **Forest Avenue** und auf dem Weg Richtung Innenstadt kann man einen intensiven Blick auf Wright-Bauten werfen und die verschiedenen Entwicklungsstufen bzw. die allmähliche Verselbstständigung des Prairie Style studieren. Zu den von Wright entworfenen sehenswerten Bauten gehören beispielsweise das **Nathan G. Moore House** (333 Forest Ave.) von 1895, noch im Tudorstil, das **Arthur B. Heurtley House** (318 Forest Ave., 1902), das **Edward R. Hills House** (313 Forest Ave., 1906) oder das **Frank W. Thomas House** (210 Forest Ave., 1901), das als Erstes echtes „Prairie House" gilt.

Die **Grundprinzipien des Prairie Style** waren lang gestreckte, klar gegliederte Baukörper, Fensterbänder und eine starke Horizontalbetonung, massive Sockel, große Mauerwerksflächen und oft weit vorkragende Dächer, natürliche Farben und Materialien wie Holz und Ziegel sowie die Einbeziehung der die Häuser umgebenden Landschaft. Im Inneren sind offene Grundrisse und ineinander übergehende Räume sowie indirekte Beleuchtung typisch. Dazu setzte Wright auf moderne Technik und dachte „praktisch": platzsparende Regal- und Schrankeinbauten, zentral platzierte Kamine, versteckte Belüftungssysteme und Heizkörper waren Usus.

Den Abschluss des Rundgangs bildet der **Unity Temple.** Die 1908 fertiggestellte „Unitarian Universalist Church", bestehend aus einfachen kubischen Baukörpern, gleicht einer futuristischen Burg aus Stahlbeton. Wright betrachtete den schlichten, perfekt proportionierten und geschmackvoll ausgestalteten Kirchenraum als Wendepunkt zur Moderne. Ebenfalls in Oak Park befindet sich der **Hemingway Birthplace** (s. S. 59). In dem viktorianischen Haus wurde der Autor am 21. Juli 1899 geboren, lebte hier bis 1905 und dann weitere zwölf Jahre in anderen Häusern in Oak Park. Im ein paar Schritte entfernten Oak Park Arts Center befindet sich das zugehörige **Museum.**

- › Green Line: „Harlem/Lake" (Endstation) oder „Oak Park". Es gibt im Sommer ein kostenloses Shuttle (ab 10 Uhr, alle 30 Min.) zwischen den Attraktionen und den beiden L-Stationen.
- › **Infos:** www.visitoakpark.com

12 [S. 53] **Frank Lloyd Wright Home & Studio,** 951 Chicago Ave., www.flwright.org, ständl. Haustouren ($ 20/30) tgl. 10–16 Uhr, Tickets im Shop (tgl. 9–17 Uhr), zudem Touren durchs Viertel (Kombitickets!) und Spezialführungen.

13 [S. 53] **Unity Temple,** 875 Lake St., www.flwright.org, Touren Mo.–Fr. 9–15, Sa. 9–12 Uhr, $ 15–40

44 Pullman National Historical Park ★

Die **Town of Pullman,** eine **Arbeitersiedlung** aus den 1880er-Jahren, liegt im äußersten Süden der Stadt. Der Fabrikant George M. Pullman (1831–1897), Erfinder luxuriöser Eisenbahnschlafwagen und Präsident der Pullman Palace Car Company, hatte die Siedlung als „soziales Experiment" errichten lassen. Die ab 1880 erbaute erste auf dem Reißbrett entworfene Arbeiterstadt der USA liegt am Westufer des Lake Calumet. An die 14.000 Menschen lebten zur Blütezeit Anfang der 1890er-Jahre in rund 1800 Bauten.

Die Wirtschaftskrise 1893/1894 wirkte sich negativ auf das Unternehmen aus, es kam landesweit zu Streiks im Eisenbahnverkehr, die Unzufriedenheit wuchs und Ausschreitungen, die durch Truppeneinsatz unterbunden wurden, waren die Folge. Letztlich war das Ende der Firma nicht mehr aufzuhalten.

George M. Pullman selbst starb im Jahr 1897, die Firmenhäuser wurden

043ch Abb.: rs

privatisiert und Teile der Siedlung stehen heute unter Denkmalschutz. Ausgangspunkt einer Besichtigung sollte das Administration Clock Tower Building VC sein. Neben Infos erhält man auch Tipps zur Besichtigung.

› **Pullman National Historical Park,** Administration Clock Tower Building VC, 610 E 111th St., www.nps.gov/pull/index.htm, tgl. 9–17 Uhr, Eintritt frei, Anfahrt: Metra-Linie ME (Metra Electric District) ab Millennium Park bis „111th/Pullman"

45 Chicago Botanic Garden ★★

Ein Muss für Hobbygärtner und Pflanzenfreunde ist der Chicago Botanic Garden in **Glencoe.** Der Ort liegt bereits an der Grenze zum Lake County und ist zugleich wegen des **Writer's Theater** (www.writerstheatre.org), einer der angesehensten Bühnen im Großraum Chicago, bekannt. Auf 156 ha verteilen sich 25 „Themengärten" und vier regionale Habitate, durchzogen wird das Areal von Inseln und Seen. Wechselweise offene Areale und abgegrenzte Bereiche bilden faszinierende Blickachsen und Ausblicke.

Sehenswert sind außerdem der **Glockenturm** und die **Garteneisenbahn** (Extraticket) mit 15 Modellbahnen, die sich durch verschiedene nachgebaute Landschaften und Städte der USA bewegen.

› 1000 Lake Cook Rd., Glencoe, www.chicagobotanic.org, saisonal variable Öffnungszeiten, meist 8 Uhr bis Sonnenuntergang, Tickets (je nach Jahreszeit) ab $ 11, Parken $ 8, Anfahrt: Metra-Linie UP-N (Union Pacific North Line) ab Ogilvie Transportation Center (500 W Madison St.) bis „Braeside", dann ca. 1 km Fußweg

Einst Fabrikdorf, heute idyllisches Wohnareal: Pullman City

Route 66 – die „Mother Road"

In Deutschland hat, anders als in den USA, der Name „Route 66" immer noch einen mythischen Klang. 1926 wurde die „Mother Road" als erste durchgehende Verbindung zwischen dem Mittleren Westen (Chicago) und der Westküste (Los Angeles) eingeweiht. Cyrus Avery aus Tulsa (Oklahoma) und John Woodruff aus Springfield (Missouri) hatten die über 3900 km lange Strecke im Auftrag der Regierung geplant.

In Illinois liegen die Wurzeln der Straße im Pontiac Trail (SR-4), der 1918 zur gut befahrbaren Verbindung zwischen Chicago und St. Louis ausgeweitet wurde. 1926 baute man dann diese Straße zum ersten Teilstück der Route 66 aus, nach dem Zweiten Weltkrieg wurde die Straße auf vier Fahrbahnen erweitert. Man begann, Begradigungen vorzunehmen und Ortsumfahrungen zu bauen – der erste Schritt in Richtung des von Dwight D. Eisenhower in den 1950er-Jahren initiierten Interstate Highway System war getan. 1977 schließlich löste die teilweise parallel verlaufende I-55 zwischen Chicago und St. Louis die alte Route 66 ab, die in Illinois 1985 offiziell stillgelegt wurde.

Obwohl die Route 66 von Chicago bis Los Angeles acht Bundesstaaten durchquerte, wurde die historische Bedeutung der Strecke lange ignoriert. In Illinois stellte man erst in den frühen 1990er-Jahren Hinweisschilder auf und versuchte die Straße, wo noch vorhanden, unter Denkmalschutz zu stellen. Da in Illinois noch die meisten authentischen Stätten und Attraktionen erhalten sind, gilt „America's Mother Road" gerade in diesem ersten 640 km langen Abschnitt zwischen Chicago und St. Louis als besonders attraktiv. Der Straßenverlauf entspricht heute unterschiedlich nummerierten Straßen, wurde jedoch mit braunen Schildern markiert. Der offizielle Startpunkt lag an der Kreuzung Michigan Ave. und Adams St., das Endpunkt-Schild steht einen Block weiter südlich.

- › Infos zur Route 66 gibt es im Chicago Cultural Center 1 sowie unter https://illinoisroute66.org.
- › 2026 feiert die Straße 100-jähriges Jubiläum mit vielerlei Events: www.route66-centennial.com.

071ch Abb.: mb

Die „Mother Road" begann ursprünglich in Chicago

068ch Abb.: mb

Chicago für Kunst- und Museumsfreunde

Chicago kann, was Museen und Kultureinrichtungen angeht, mit einem breit gefächerten Angebot aufwarten. In der Stadt ist für jeden Geschmack und jedes Alter etwas geboten.

Eine Konzentration von Sehenswürdigkeiten findet sich zwischen dem Loop und dem Lake Michigan, konzentriert auf dem sog. **Museum Campus.** Was das Ranking angeht, führen das Field Museum 19, das John G. Shedd Aquarium 20 und das Art Institute of Chicago 17 die Beliebtheitsskala an.

Museen

21 [G9] **Adler Planetarium.** Erstes Planetarium der westlichen Hemisphäre mit Theatern für „Sky Shows" und 3D-Filme, interaktivem Astronomiemuseum und einer Sammlung historisch bedeutender astronomischer Instrumente (s. S. 34).

M14 [D5] **American Writers Museum,** 180 N Michigan Ave. (2nd Floor), https://americanwritersmuseum.org, Do.–Mo. 10–17 Uhr, $ 14. Das Museum widmet sich der amerikanischen Literatur. Es gibt viele interaktive Ausstellungen, darunter die Readers Hall, die Mind of a Writer Gallery bzw. den Writer's Room sowie die Chicago Gallery über Autoren aus der Stadt.

17 [D6] **Art Institute of Chicago.** Vielteiliger und -seitiger Kulturtempel, der mit dem Metropolitan Museum in New York vergleichbar ist. Sehenswerte Wechselausstellungen und gut sortierter Museumsshop (s. S. 30).

M15 [dl] **Charnley-Persky House Museum,** 1365 N Astor/Schiller St. www.sah.org/about-sah/charnley-persky-house, Touren Mi. 12 Uhr (frei) sowie Fr. (April–Dez.) und Sa. (Apr.–Okt.) 12 Uhr, $ 15. National Historic Landmark von 1891 und zugleich das erste „moderne Haus" in Amerika. Gemeinschaftsprojekt von Louis Sullivan und Frank L. Wright.

Vorseite: Marshall Field's 2 (heute: Macy's), Chicagos legendäres Kaufhaus

› **Chicago Architecture Center** (CAC, s. S. 37). Ausstellungen zur Architekturgeschichte der Stadt.

M16 [G4] **Chicago Children's Museum,** 700 E Grand Ave., Navy Pier, www.chicagochildrensmuseum.org, Mo., Mi., Do. 10–14, Fr.–So. 10–17 Uhr, $ 21. Interaktive Ausstellungen und Aktivitäten für Kinder.

33 [dk] **Chicago History Museum.** Hochinteressantes Museum und Forschungseinrichtung mit Dauer- und Wechselausstellungen zu historischen Themen rund um die Stadtgeschichte; außerdem Veranstaltungen und Touren (s. S. 44).

M17 [D2] **City Gallery at the Historic Water Tower,** 806 N Michigan Ave., Mo.–Fr. 10–19, Sa., So. 10–17 Uhr (nur bei Ausstellungen geöffnet), Eintritt frei. Wechselausstellungen zu Chicago-Themen und vorwiegend mit Werken lokaler Künstler.

M18 [D3] **Driehaus Museum,** 40 E Erie St., https://driehausmuseum.org, Mi. 11–15, Do., So. 11–17, Fr., Sa. 10–17 Uhr, $ 20. Einzigartige Ausstellung von Buntglasfenstern aus Kirchen und Privathäusern, auch Werke von Louis C. Tiffany und Frank L. Wright, deutsche Kirchenfenster, Art-nouveau-Glas aus Chicago und moderne Glaskunst.

19 [E9] **Field Museum of Natural History.** Riesiges Museum, das sich verschiedenen Bereichen der Kultur- und Naturwissenschaften widmet. Mit Café, Imbiss und mehreren Shops (s. S. 32).

› **Frank Lloyd Wright Home and Studio** (s. S. 54). Im westlichen Vorort Oak

091ch Abb. mb

Park gelegenes ehemaliges Wohn- und Bürohaus des Architekten, nur in Touren zu besichtigen. Zugehöriger gut sortierter Design-/Buch-Shop.

19 Frederick C. Robie House, 5757 S Woodlawn Ave./58th, https://cal.flwright.org/tour/robie-house, versch. Touren Do.–Mo. 10–14.30 Uhr, $ 20 (Standardtour). Reservierung sinnvoll. Sehenswertes Wright-Haus in malerischer Lage nahe dem Campus der University of Chicago.

20 [S. 53] **Hemingway Birthplace and Museum,** 339 N Oak Park Ave. (Geburtshaus) bzw. 200 N Oak Park Ave. (Museum), Green Line: „Oak Park", www.hemingwaybirthplace.com, Do., Fr. 13–17, Sa. 10–17, So (nicht im Winter) 13–17 Uhr, $ 20, auch Walking-Touren durch das Viertel. Geburtshaus und Museum mit Infos zu dem berühmten Schriftsteller.

21 Institute for the Study of Ancient Cultures (ISAC), 1155 E 58th/University Ave., University of Chicago, http://oi.uchicago.edu, Di.–Do., Sa., So. 10–16, Fr. 10–20 Uhr, $ 10 (Spende). Orientalische Kunst, u. a. die größte amerikanische Sammlung antiker Kunstgegenstände aus dem Irak und sehenswerte mesopotamische Galerie.

20 [F9] **John G. Shedd Aquarium.** 1930 erbautes Aquarium mit verschiedenen Biotopen und entsprechenden Tieren. Vor allem bekannt für Belugawale (s. S. 34).

22 [D4] **McCormick Bridgehouse & Chicago River Museum,** Michigan Ave./Wacker Dr., http://bridgehousemuseum.org, Mai–Okt. Mi.–So. 10–17 Uhr, $ 8 (So. „pay-what-you-can"). Interessantes Museum zur Geschichte Chicagos, v. a. zur Bedeutung des Flusses, betrieben von den Friends of the Chicago River.

23 [E2] **Museum of Contemporary Art (MCA),** 220 E Chicago Ave., Di. 10–21, Mi.–So. 10–17 Uhr, $ 22, https://

Im Field Museum 19 gibt's mehr als nur Dinos und Sue!

MEIN TIPP

Spartipp

Mit dem **Chicago CityPASS** (www.citypass.com/chicago) hat man freien Eintritt in fünf Attraktionen, nämlich Shedd Aquarium 20 und Skydeck (s. S. 22) sowie wahlweise drei der folgenden Attraktionen: Adler Planetarium 21 oder Art Institute 17, 360 Chicago 28 oder Museum of Science and Industry 41 und Field Museum 19 oder Shoreline Sightseeing Architecture River Tour. Der 9 Tage gültige Pass ist direkt bei den Sights oder online erhältlich und kostet gegenwärtig $ 134 bzw. für Kinder (3–11 Jahre) $ 104. Als Chicago C3 (umfasst nur drei Attraktionen) kostet er $ 96/72.

Alternativ gibt es einen **Go City Pass** (https://gocity.com/en/chicago), der sich allerdings nur bei intensiver Nutzung lohnt.

mcachicago.org. Sammlung internationaler zeitgenössischer Kunst in einem Bau, den 1996 der Berliner Architekt Josef Paul Kleihues entworfen hat. Skulpturen, Fotografien und Videos, v. a. aber sehenswerte Wechselausstellungen.

41 [S. 144] **Museum of Science and Industry (MSI).** Größtes Wissenschaftsmuseum der westlichen Hemisphäre, u. a. mit Kohlebergwerk in Originalgröße, Zug von 1930 und Modellbahnausstellung, U-Boot U-505 und Henry Crown Space Center (s. S. 51).

24 [bo] **National Museum of Mexican Art,** 1852 W 19th St., Di.–So. 10–17 Uhr, Eintritt frei, www.nationalmuseumofmexicanart.org. Sehenswertes Museum mit Dauer- und Wechselausstellungen zu mexikanischer und mexikanisch-amerikanischer Kunst aller Genres. Gut sortierter Shop und Veranstaltungen.

25 [dj] **Peggy Notebaert Nature Museum** ✿, 2430 N Cannon Dr./Fullerton Pkwy. (Lincoln Park, Bus Nr. 151 oder 156: „Stockton/Fullerton St."), https://naturemuseum.org, tgl. 10–16 Uhr, $ 17. Großes Schmetterlingshaus mit Insekten aus verschiedenen Ländern und Ausstellung zur Ökologie und Naturgeschichte des Mittleren Westens.

26 Smart Museum of Art, 5550 S Greenwood Ave., University of Chicago, http://smartmuseum.uchicago.edu, Di.–So. 10–16.30 Uhr, Eintritt frei. Sammlung von über 9000 Kunstwerken (asiatische, europäische, moderne Kunst und Design sowie zeitgenössische Kunst), mit Museumsshop und Café.

27 The DuSable Black History Museum, 740 E 56th Pl./57th St. (Green Line: „Garfield" oder Bus Nr. 2 bzw. 4: „Cottage Grove/57th"), www.dusablemuseum.org, Mi.–So. 11–16 Uhr, $ 14,50. Ausstellungen zu afroamerikanischen Themen und beliebtes Veranstaltungsprogramm (v. a. erlebenswerte Konzerte!).

28 [bn] **WNDR Museum,** 1130 W Monroe St., https://wndrmuseum.com, Di.–Do. 12–20, Fr., Sa. 10–20, So. 10–18 Uhr, ab $ 32. Neues „Immersive Art"-Museum, kuratiert von einem Kollektiv aus Künstlern, Designern und Dichtern nach dem Motto „We are all artists". Etwas schräg und relativ teuer.

Kunstgalerien

River North genießt einen guten Ruf in Sachen Kunst, denn hier – speziell im Bereich zwischen Superior und Huron St. – gibt es die größte Ansammlung von Kunstgalerien außerhalb von New York. Auch an der Halsted St. hat sich zwischen 17th und 19th St. eine aktive Künstlergemeinde angesiedelt und den **Chicago Arts District** (Infos: http://chicagoartsdistrict.org) ins Leben gerufen. Anfang

Oktober gibt es ein „Open House" („Tag der offenen Tür") und jeden 2. Freitag im Monat „Gallery Nights" mit besonderen Events. Neu ist der **Lighthouse ArtSpace Chicago**. Im renovierten Germania Club Building von 1889 finden regelmäßig Sonderausstellungen und Events statt. Der Bau ist die Heimat des ältesten deutsch-amerikanischen Vereins, gegründet 1865 als „Germania Männerchor".

29 [dk] **Lighthouse ArtSpace Chicago,** 108 W Germania Pl., www.lighthouseartspace.com/artspace/chicago

Chicago für Genießer

Chicago ist eine Stadt der Extreme, und das gilt auch für die kulinarische Szene. So finden sich hier einige der besten und teuersten Restaurants der Welt, aber es gibt auch eine riesige Auswahl an Imbissständen und preiswerten Kneipen.

Chicago rangierte zuletzt mit 22 mit Michelin-Sternen ausgezeichneten Restaurants in den USA an dritter Stelle nach New York und San Francisco.

Das Spektrum an Restaurants in Chicago ist breit gefächert und vor allem in den Neighborhoods findet man auch preiswertere, bodenständige Lokale. Im West Loop gilt die **West Randolph Street** [B–D5] als „Restaurant Row" und ist Hauptachse des Fulton Market Districts, des alten Markt- und Schlachthofviertels. Auch in **Logan Square**, entlang der N Milwaukee St., und in **Old Town** an der Wells St. findet man leicht etwas Passendes. Die **North State Street** [C3–4] in River North bietet ebenfalls jede Menge Restaurants und Nightlife.

Gastro- und Nightlife-Areale
Bläulich hervorgehobene Bereiche in den Karten kennzeichnen Gebiete mit einem dichten Angebot an Restaurants, Bars, Clubs, Discos etc.

Hervorhebenswerte Lokale

Nachfolgend einige Empfehlungen aus der Vielfalt an Restaurants in Chicago. Wo eine **Reservierung** sinnvoll ist (v. a. abends und an Wochenenden), wurde eine Telefonnummer angegeben, allerdings kann i. d. R. auch über das Internet reserviert werden. Sofern keine **Öffnungszeiten** genannt werden, sind die Restaurants zu Mittag- und Abendessen geöffnet, manche auch durchgehend.

Die Urbanspace Foodhall im Loop (s. S. 64) eignet sich ideal für ein Frühstück, einen Imbiss oder einen Drink

092ch Abb.: mb

Gehobene Küche

Für die unten genannten Toplokale ist eine langfristige Vorreservierung nötig und es wird ordentliche Bekleidung *(business casual)* erwartet.

Hinweise zum Essengehen

- **Essenszeiten:** Mittagessen *(lunch)* wird im Allgemeinen zwischen 12 und 14 Uhr, Abendessen *(dinner)* von ca. 17.30/18 bis 21 Uhr serviert.
- **Reservierung:** Abends und an Wochenenden sollte man in besseren bzw. beliebten Restaurants einen Tisch reservieren, ansonsten muss man Wartezeiten (ggf. an der Bar) in Kauf nehmen.
- Nach dem Prinzip **„Please, wait to be seated"** wird einem beim *check-in* am Eingang ein Tisch zugewiesen, die Bedienung *(server/waiter)* stellt sich vor und bringt Wasser und ggf. Brot.
- Die **Menüzusammensetzung** ist flexibel und Beilagen, Salatdressings, Zubereitungsarten und oft auch Portionsgrößen sowie meist mündlich vorgetragene *daily specials* stehen zur Wahl. Auf den *appetizer* (Vorspeise) folgen das *entrée* (Hauptgericht) und das *dessert* (Nachtisch). Anschließend kommt die Rechnung, zu der man ein Trinkgeld *(tip, gratuity)* von mind. 20 % addiert.
- **Leitungswasser** ist gratis, wird ständig nachgeschenkt und man wird auch nicht schief angesehen, wenn man keinen anderen Drink von der Bar bestellt.
- Das Einpacken von Essensresten in ein sogenanntes **„doggy bag"** (heute eine Styroporbox) zum Mitnehmen ist selbst in Feinschmeckerrestaurants üblich.

30 [ck] **Alinea** $$$$, 1723 N Halstead St., Tel. 312 8670110, www.alinearestaurant.com. Mit drei Michelin-Sternen ausgezeichnetes, cooles Lokal, das zu den besten der Welt gehört. Chefkoch Grant Achatz ist von der Molekularküche beeinflusst. Das Lokal ist dreiteilig: Kitchen Table, The Gallery und The Salon.

31 Bronzeville Winery $$$, 4420 S Cottage Grove Ave., www.bronzevillewinery.com, Tel. 872 2447065. Tolle Weinbar im afroamerikanischen Viertel mit wechselnder Weinkarte (aus aller Welt, mit afroamerikanischem Schwerpunkt) und „Flights", also Weinverkostungsrunden. Dazu saisonale kulinarische Kreationen von Besitzer und Koch Eric Williams, wechselnde Kunstausstellungen, 360-Soundsystem, Livemusik, Weingespräche, Vernissagen u. a. Ebenfalls von Williams betrieben wird das schlichtere Lokal Daisy's Po-Boy and Tavern (s. S. 68).

32 [bm] **The Loyalist** $$-$$$, 177 N Ada St., www.smythandtheloyalist.com, Mo.–Sa. Dinner, So. Brunch. Gut sortierte Bar und französisches Bistro-Essen. Im gleichen Gebäude befindet sich auch das Partnerlokal, das Dreisternelokal The Smyth.

Amerikanische Küche

33 A Taste of Heaven $, 5401 N Clark St. (Andersonville), www.atasteofheaven-chicago.com, tgl. 8–21 Uhr. Gut, günstig und zum Sattessen, z. B. Loaded Mac & Cheese und Tagesgerichte wie Omelette of the Day, Skillet of the Day, Quiche of the Day oder Soup of the Day, dazu eigene Bäckerei.

34 [D4] **Billy Goat Tavern** $, 430 N Michigan Ave., www.billygoattavern.com. Klassiker, der in den 1970er-Jahren durch einen Sketch in der Comedy Show „Saturday Night Live" bekannt geworden ist. Mehrere Filialen, u. a. am Navy Pier.

35 [F4] **Chef Art Smith's Reunion** $$-$$$, 700 E Grand Ave (Navy Pier), Tel. 312

2241415, www.reunionrestaurants.com, tgl. Lunch und Dinner, aber nur bis 20/21 Uhr. „Famous Fried Chicken“, Shrimp, Catfish, Jambalaya und anderes aus dem Süden. Familien- und kinderfreundlich.

36 [ci] **DMK Burger Bar** $-$$, 2954 N Sheffield St., https://dmkburgerbar.com. In diesem Burgerspot werden Burger aus *gras-fed beef* (Biofleisch) und dazu diverse Beigaben in beliebigen Kombinationen serviert. Weitere Filialen siehe Website.

37 [D6] **Exchequer Restaurant & Pub** $-$$, 226 S Wabash Ave., Tel. 312 9395633, www.exchequerpub.com. Alteingesessenes, gemütliches Lokal im Loop, bekannt für Pizza and Ribs, aber auch Burger, Salate u. a. in großer Vielfalt, üppig und preiswert.

38 [dl] **Fireplace Inn** $-$$, 1448 N Wells St., www.fireplaceinn.com. Gemütliche, alteingesessene Kneipe in Old Town, bekannt für BBQ Baby Back Ribs, Burger und andere handfeste Gerichte. Mit großem Außenbereich.

39 [bl] **Ina Mae Tavern** $$, 1415 N Wood St., www.inamaetavern.com, Tel. 773 3608320. „The Big Easy meets the Windy City“ gilt hier sowohl in der Küche als auch beim Ambiente. Rustikale, sättigende Gerichte wie Fried Chicken und Po-Boys, dazu Daiquiris und Livemusik.

40 Kuma's Corner $$, 2900 W Belmont St., https://kumascorner.com. Eines der beliebtesten Lokale der North Side, bekannt für Burger in der Laugensemmel, dazu große Bierauswahl. Das Warten auf einen Tisch, besonders im Freien, lohnt sich (keine Reservierung). Weitere Filialen siehe Website.

41 [C1] **LUXBAR** $$, 18 E Bellevue St. (Gold Coast), Tel. 312 6423400, https://luxbar.com. Gemütliche Neighborhoodbar im Kaffeehausstil. Bekannt für die Whiskeyauswahl an der Bar und für handfeste amerikanische Küche.

Preiskategorien

Annäherungswert für ein Hauptgericht am Abend ohne Getränk, Steuer und Trinkgeld

$	unter $ 10
$$	$ 10–20
$$$	über $ 20
$$$$	über $ 50

Mein Tipp

Chicago Restaurant Week

Während der Chicago Restaurant Week (2 Wochen Mitte Jan./Anf. Febr.) bieten teilnehmende Restaurants mittags und abends **preisreduzierte Mehrgängemenüs** zum günstigen Festpreis an. Reservierung ist nötig!

› **Infos:** www.choosechicago.com/chicago-restaurant-week

Hilfreich bei der **Restaurantsuche** ist evtl. auch die folgende Website:

› https://chicago.eater.com

42 [cm] **The Publican** $$$, 837 W Fulton Market, Tel. 312 7339555, www.thepublicanrestaurant.com, tgl. ab 16 Uhr geöffnet, Sa./So. 10–14 Uhr Brunch, werktags 16–18 Uhr Happy Hour. Der gelernte Metzger Paul Kahan betreibt im Meatpacking District ein rustikales Lokal im Stil einer Bierhalle mit langen Holztischen und Stehtischchen in der Mitte. Es gibt nicht nur Fleisch, Brotzeitteller, Wurstplatten, knusprige Schweineschwarte und hausgebackenes Brot, sondern auch Fisch und Meeresfrüchte; dazu eine gute Bierauswahl. Über die Straße gibt es im zugehörigen Laden **Publican Quality Meats** (Nr. 825, www.publicanqualitymeats.com) ebenfalls an kleinen Tischen (preiswerteren) Lunch, v. a. gute hausgemachte Wurstwaren (z. B. Mettwurst, Chorizo, Blutwurst, Boudin, Salami, Schinken, Terrine, Patés

Meine Tipps

Lokale mit Ausblick

- **Cerise Rooftop Bar,** Virgin Hotel (s. S. 124), Mo.–Fr. ab 16, Sa., So. ab 11 Uhr. Cocktails und Musik mit Ausblick auf den Loop.
- Einen schönen Blick auf die Mag Mile genießt man von der Terrasse von **Gino's East** (s. S. 66) oder vom Rooftop der **Starbucks Reserve Roastery Chicago** (s. S. 70).

Foodhalls

Foodhalls sind nicht nur perfekt für Alleinreisende, sondern bieten auch eine geniale Vielfalt an Gerichten aus unterschiedlichen Ländern. Hier eine Auswahl:

- **Aster Hall,** im 900 North Michigan Shoppingcenter (s. S. 77), OG. Breites Angebot.

48 [C6] **Revival Food Hall,** 125 S Clark St., https://revivalfoodhall.com. Mit mehreren einzelnen Stationen in schickem Ambiente in einem historischen Gebäude von Daniel Burnham; u.a. Smoque BBQ oder Hot Chi Chicken.

49 [cm] **Time Out Market,** 916 W Fulton Market, www.timeoutmarket.com/chicago. An die 20 verschiedene Imbissstationen, z. B. Lil Amaru (lateinamerikanisches Streetfood und Tacos), Avli (griechisch) oder Evette's (libanesisch), außerdem Rooftopbar.

50 [C5] **Urbanspace,** 15 W Washington St. (Loop), https://loopchicago.com/listings/urbanspace

Chicago Food Tours

Chicago Food Tours bietet interessante Touren, z. B. „Iconic Foods of Chicago“, „Chinatown Adventure“, „Street Foods of Pilsen“ und eine **„Gateway to the West Loop Food Tour“.** Besonders empfehlenswert ist die letztgenannte, da das Viertel kulinarisch „up and coming“ ist und die Randolph St. als „Foodie Street“ vielerlei zu bieten hat. Die Tour durch den auch architektonisch interessanten West Loop dauert drei Stunden und umfasst mehrere Lokalitäten mit (reichlichen) Kostproben und Getränken.

- **Infos und Anmeldung:** https://chicagofoodtours.com

oder Bacon) zu selbstgebackenem Brot; außerdem gut sortierte Deli-Abteilung.

43 [A5] **Wishbone** $, 161 N Jefferson St., Tel. 312 8502663, www.wishbonechicago.com, Mo.–Fr. 8–16 Uhr (Frühstück/Lunch), Sa., So. 8–15.30 Uhr (Brunch), keine Reservierung! Ideal zum gemütlichen Frühstück oder Lunch, Südstaatenküche (Crawfish, Catfish, Chicken etc.) und dazu günstige Cocktails.

Lateinamerikanisch-mexikanische Küche

44 [dk] **Adobo Grill** $$$, 215 W North Ave., www.adobochi.davinci-group.com. Traditionelle mexikanische Küche in angenehmer Umgebung, viele ausgefallene Cocktails und *Mezcales*.

45 [ak] **Big Star Taqueria and Bar** $-$$, 1531 N Damen Ave., www.bigstarchicago.com. Preiswertes mexikanisches Lokal in Wicker Park, in dem nicht nur das Ambiente, sondern auch die Speisekarte stimmt und es eine große Tequila-Auswahl sowie jeden Tag einen „Shot of the Day“ gibt. Zwei weitere Filialen.

46 [ci] **Chilam Balam** $-$$, 3023 N Broadway, https://chilambalamchicago.com, Di.–Sa. Dinner. Ungewöhnliches mexikanisches Lokal in Lakeview. Preiswerte Gerichte aus frischen Zutaten. Man isst am großen Tisch als „Gemeinschaftserlebnis“.

47 **Federales Logan** $$, 2471 N Milwaukee Ave., Logan Sq., Tel. 312 4362980, www.federaleslogan.com, tgl. Dinner,

Von Pizza bis Popcorn: Chicago kulinarisch

Chicago ist die **„Pizza Capital of the World“** und die Deep Dish oder Deep Pan Pizza, eine saftig-sättigende Pizzavariante, wird in Chicago zelebriert, auch wenn es fast eine Dreiviertelstunde dauert, bis sie auf den Tisch kommt. Dass diese Pizza in Chicago erfunden wurde, bestreitet niemand, man nennt sie ja schließlich „Chicago-style Pizza“. Als Ort der Erfindung gilt die Pizzeria Uno (s. S. 66): Nach einer Version der Erfindungs-Geschichte soll Mitbegründer Ike Sewell 1943 die erste Deep Pan Pizza auf den Tisch gebracht haben. Pizza wurde zum Hit und andere Lokale zogen nach: Gino's East, Lou Malnati's oder Pizzeria Due.

Deep Pan Pizza ist aus der Tradition der Kasserollen (Aufläufe) entstanden, die sättigend und billig waren und zugleich der Resteverwertung dienten. Der Mozzarella kommt nach unten und verschmilzt mit der Tomatensoße, darauf werden je nach Gusto und Verfügbarkeit die übrigen Zutaten gehäuft, zum Schluss Parmesan.

Bei den **Chicago-style Hot Dogs** verhält es sich wie bei der Pizza: Auch hier kreierten die Chicagoans eine „Luxusvariante“. Die Würste sind im Allgemeinen aus purem Rindfleisch mit zarter Haut und werden „Frankfurter“ oder „Vienna“ genannt. Ob in Wasser heiß gemacht oder gegrillt, daran scheiden sich die Geister. Zwischen die Hotdogbrötchen (bevorzugt mit Mohn) kommen zum Würstchen Senf, Zwiebelringe, Tomaten, Paprikaringe und Gurkenscheiben bzw. eine Dillgurke – aber niemals Ketchup!

Popcorn, seit 1949 vom Familienbetrieb Garrett hergestellt und v. a. beliebt in der CaramelCrisp- und CheeseCorn-Version, oder auch **Cracker Jack,** Popcorn mit Karamellüberzug und gemischt mit Erdnüssen, sind süße Spezialitäten der Stadt. Es war der Deutsche Frederick William Rueckheim, der 1872 mit seinem Bruder Louis „Candied Popcorn and Peanuts“ kreierte und erstmals auf der Weltausstellung 1893 verkaufte. 1908 wurde die süße Knabberei mit dem Baseballlied „Take Me Out to the Ball Game“ unsterblich.

Ebenfalls ein Immigrant, der Österreicher Leo Hirshfield, begann im Jahr 1896 **Tootsie Rolls** zu produzieren – Schokoriegel, denen er den Spitznamen seiner kleinen Tochter gab. 1966 zog die Firma von New York nach Chicago um und heute werden täglich 62 Mio. Schokoriegel in verschiedenen Größen und Varianten hergestellt, auch Lutscher, Tootsie Roll Pops. **Fanny May** schließlich geht auf das Jahr 1920 und H. Teller Archibald zurück. Er hatte den ersten Schokoshop in der N LaSalle Street eröffnet und wurde durch karamellisierte, mit Schokoüberzug versehenden Pecannüsse bekannt.

Letztlich versteht sich Chicago nicht nur als Pizza-, sondern auch als **Käsekuchenhauptstadt** der Welt. Wer möchte, kann sich die „Käsekuchenfabrik“ – Eli's Cheesecake World – am nordwestlichen Stadtrand auf einer Tour ansehen (Infos unter https://elicheesecake.com).

111ch Abb.: mb

Sa., So. Brunch. Vor allem im Freien kann man hier nett sitzen und mexikanisch essen.

MEINE TIPPS

Vegetarische Restaurants

58 [ci] **Chicago Diner** $$, 3411 N Halsted St. Vegane und internationale vegetarische Spezialitäten, gute Säfte und Wein.

59 [ak] **Handlebar**, 2311 W North Ave. (Wicker Park), www.handlebarchicago.com. Sehr gemütliches Lokal, in dem täglich morgens, mittags und abends vegetarisches und veganes „Comfort Food" serviert wird, das überwiegend aus lokalen Lebensmitteln besteht. Schöner Patio/Biergarten zugehörig.

› **Weitere Infos:** www.choosechicago.com/articles/food-drink/vegan-and-vegetarian-restaurants-in-chicago oder www.dinegreen.com

Für den späten Hunger

60 [bh] **Diner Grill,** 1635 W Irving Park Rd., www.dinergrill.com, tgl. 24 Std. Burgerspot in Lakeview mit empfehlenswerter „Slinger Plate" (Bratkartoffeln, Zwiebeln, Cheeseburgers, Spiegeleier und Chilis).

61 **Longman & Eagle** $$, 2657 N Kedzie Ave., Mo.–Do., So. 11–23, Fr., Sa. 11–1 Uhr. Rustikales, gemütliches Lokal mit gut sortierter Bar, bekannt für Whiskeys. Es wird v. a. mit regionalen und saisonalen Zutaten gekocht. Volle Menüs, aber auch Barsnacks. Außerdem Gästezimmer im Haus.

› **Nick's Beergarden** (s. S. 73), gemütliche Kneipe, die bis mind. 4 Uhr geöffnet hat. Eher für den späten Durst als für den Hunger, aber es gibt auch kleine Häppchen („Barfood"). Happy Hour, Specials und Livemusik.

51 [C4] **Frontera Grill** $$$, 445 N Clark St., www.rickbayless.com/restaurants/frontera-grill. Ein weiterer der Topköche der Stadt, Rick Bayless, bietet hier kreative mexikanische Küche. Etwas schlichter und günstiger ist daneben (Nr. 449) **XOCO** (www.rickbayless.com/restaurants/xoco, Breakfast/Lunch/Dinner außer So./Mo.).

Chicago-style Pizza

Es gibt in Chicago viele Pizzerien, wobei die Unterschiede minimal sind. Da die *Deep Pan Pizza* sehr magenfüllend ist, eher eine kleinere Größe bestellen!

52 [bm] **Coalfire** $-$$, 1321 W Grand Ave., https://coalfirechicago.com, Mo. geschlossen, Di.–Do. nur Dinner, sonst Lunch/Dinner. Dünne neapolitanische Pizza aus dem Holzofen.

53 [D3] **Gino's East** $$, 162 E Superior St., www.ginoseast.com. Saftige Deep Pan Pizza in verschiedenen Varianten und Größen, auch dünne Pizza (Thin Crust Pizza) auf der Karte, dazu Pasta, Sandwiches, Salate u. a. Mit Dachterrasse. Happy Hour Mo.–Do.

54 [D5] **Giordano's** $$, 130 E Randolph St., https://giordanos.com. Bekannt für „Giordano's Famous Stuffed Pizza", hat aber auch dünne, knusprige Pizza im Angebot. Über 40 Filialen im Großraum.

55 [B4] **Lou Malnatis** $$, 439 N Wells St. Hier gibt es seit den 1940er-Jahren Deep Dish Pizza; zahlreiche Filialen.

56 [D3] **Pizzeria Uno** $, 29 E Ohio St., www.pizzeriaunodue.com. Deep Dish Pizza, seit 1943 nach demselben Rezept, vor allem mittags preiswert. Filiale:

57 [D3] **Pizzeria Due** $, 619 N Wabash St.

Crab Cakes bei Big Jones in Andersonville

Asiatische Küche

62 [dp] **Phoenix** $, 2131 S Archer Ave., www.phoenixrestaurantchicago.com. Kantonesische Küche mit BBQ und sehr leckeren Dim-Sum.

63 [ck] **Ramen-san** $-$$, 1962 N Halsted St. (Lincoln Park), Tel. 773 2483000, www.ramensan.com, tgl. 11–mind. 22 Uhr. Nudelsuppen und dazu u. a. Sake. Weitere Filialen siehe Website.

Deutsche und andere Küchen

64 **Andros Taverna** $$-$$$, 2542 N Milwaukee (Logan Sq.), https://androstaverna.com. Moderne griechische Küche mit leckeren Hauptgerichten und vielerlei Mezedes.

65 **Big Jones** $$-$$$, 5347 N Clark St., Tel. 773 2755725, https://bigjoneschicago.com. Das Lokal allein ist einen Abstecher nach Andersonville wert. Chef und Besitzer Paul Fehribach bietet nicht nur Southern Cooking der Extraklasse aus möglichst regionalen und biologischen Zutaten, er ist auch Kochbuchautor und ein Kenner der Midwestern Cuisine. Unbedingt Fried Chicken probieren!

66 [ck] **Café Ba-BaReeba** $-$$, 2024 N Halsted St., www.cafebabareeba.com. Beliebtes, spanisch angehauchtes Res-

MEIN TIPP

Andersonville – „Shop Local Capital"

Hoch im Norden der Stadt liegt Andersonville [bg], einst Heimat einer größeren schwedischen Gemeinde und heute das zweite **LGBT-Zentrum** der Stadt neben Northalsted 35. Einerseits lohnt der Abstecher dorthin, um entlang der N Clark St. mit ihren ausgefallenen Läden zu bummeln, andererseits locken kleine Lokale. Dazu gehört z. B. das empfehlenswerte **Big Jones** (s. oben). Betrieben wird es von Chefkoch Paul Fehribach, einem ausgesprochenen Kenner der Midwestern Cuisine. In seinem Kochbuch „Midwestern Food" (s. Literaturliste, S. 110) stellt er nicht nur über 100 Rezepte vor, darunter viele deutsche, sondern erzählt zugleich von Zuwanderergruppen verschiedener Herkunft und deren Beitrag zur kulinarischen Vielfalt der Region.

„Shop Local Capital" nennt man Andersonville, da vor allem lokale Produkte und Spezialitäten angeboten werden – unter anderem auf dem hier stattfindenden Wochenmarkt.

- **Infos:** www.choosechicago.com/neighborhoods/andersonville, https://andersonville.org
- Red Line: „Argyle", „Berwyn" bzw. „Bryn Mawr"

093ch Abb.: mb

taurant mit Tapas und Paella, Live-Flamenco u. a. Events.

67 [ah] **Laschet's Inn** $$, 2119 W Irving Park Rd., Tel. 773 4787915, www.laschetsinn.com. Gemütliche deutsche Wirtschaft mit vielerlei (deutschen) Bieren und Gerichten wie Rouladen, Gulasch, Schnitzel und Frikadellen. Gastraum mit vielen Memorabilien.

68 **Red Apple Buffet** $$, 6474 N Milwaukee Ave., https://restaurantredapple.com. Im polnischen Viertel gelegenes Lokal mit üppigen günstigen Büfetts und Gerichten wie Piroggen, Blintzes, Borschtsch oder Gulasch, Sauerkraut und Würsten.

69 [C6] **The Berghoff** $$, 17 W Adams St., Tel. 312 4273170, www.theberghoff.com, So. geschlossen. Über 100 Jahre altes Lokal, kooperierend mit Adams Street Brewery. Sowohl im Restaurant als auch im Café wird auch deutsches Essen wie Schnitzel und Knackwurst serviert.

70 [bl] **Tortello Pastificio** $$, 1746 W Division St. (Bucktown/Wicker Park), www.tortellopasta.com, keine Reservierung. Chefkoch und Inhaber Dario Monni und Partnerin Jill Gray setzen auf einfachste und beste italienische Zutaten, handwerkliches Können, Service sowie Gastfreundschaft.

009ch Abb.: mb

Imbiss, Hot Dogs und Diners

71 [B3] **AL's Italian Beef Chicago,** 548 N Wells St., www.alsbeef.com. Spätestens seit den 1980er-Jahren ist das Italian Beef Sandwich eine der legendären Spezialitäten der Stadt. Weitere Filialen siehe Website.

72 [C2] **Cafe Sophie's**, 847 N State St., www.sophies.live, tgl. 7.30–15 Uhr. Breakfast und Lunch (Sandwiches, Suppen und Salate) in nettem Café in der Gold Coast. Dazu gehört ein Gourmetmarkt mit Feinkost von Kleinproduzenten aus der Region und den USA.

73 **Daisy's Po-Boy and Tavern,** 5215 S Harper Ave., www.daisyspoboychicago.com, Di.–Sa. Lunch und Dinner. Poboys (dick belegte Sandwiches) im New-Orleans-Style in Hyde Park. Betrieben wird das Lokal von Eric Williams, dem auch die Bronzeville Winery (s. S. 62) gehört.

74 [ai] **Kitsch'n On Roscoe,** 2005 W Roscoe St./Damen Ave., www.kitschn.com, tgl. Frühstück, Brunch und Lunch. Gemütlicher Hangout mit Eiergerichten, Sandwiches u. a.

75 **Lardon,** 2200 N California Ave., Humboldt Park/Logan Sq., www.lardonchicago.com. Ganztägig geöffnete Salumeria mit umwerfender Auswahl an Wurstwaren, die man auch z. B. als Sandwich an einem kleinen Tischchen genießen kann.

76 [A7] **Lou Mitchell's Restaurant and Bakery,** 565 W Jackson Blvd., www.loumitchellsrestaurant.com. Klassischer Chicagoer Diner (seit 1923), in dem es Mi.–So. Frühstück und Lunch gibt. Legendär geworden durch seine Lage an der Route 66.

77 [A9] **Manny's Deli,** 1141 S Jefferson St., So., Mo. 9.30–15.30, Di.–Sa. 9.30–20 Uhr. Seit 1942 in Familienbesitz. Gute Frühstückskarte mit Eiergerichten aller Art und frischem Gebäck, ansonsten u. a. Sandwiches und Salate sowie täglich wechselnde Hauptgerichte. Preiswert!

78 [C3] **Portillo's,** 100 W Ontario St., www.portillos.com/locations/chicago. Preisgekrönte Hot Dogs, Beef und Burger sowie italienische Spezialitäten, dazu eine Sammlung nostalgischer Erinnerungsstücke aus den 1930er- und -40er-Jahren. Selbstbedienung an verschiedenen Stationen. Filialen siehe Website.

79 [ak] **The Goddess and Grocer**, 1646 Damen Ave., www.goddessandgrocer.com, tgl. 7–20 Uhr. Deli mit ausgezeichneten Biowaren und kleinem Imbiss.

Cafés und Süßes

Eine beliebte Kette ist **Intelligentsia Coffee** mit Filialen im Zentrum, zum Beispiel Monadnock Coffeebar (siehe rechts., weitere Filialen siehe www.intelligentsia.com).

80 [bl] **Alliance Bakery,** 1736 W Division St. Macaroons, Cupcakes, Kuchen und Gebäck, auch Espressobar – seit über 85 Jahren eine Institution.

81 [bi] **Bittersweet,** 1114 W Belmont Ave. Tolle Bäckerei und Konditorei im europäischen Stil zum Einkaufen oder vor Ort Essen. Außer Kuchen und Gebäck auch kleine Gerichte (außer Mo.).

82 [al] **Café Milk & Honey,** 1920 W Division St., www.milkandhoneycafe.com, tgl. 8–15 Uhr. Nettes Café zum Frühstück, aber auch preiswerte und gute Suppen, Salate, Burger und Sandwiches. Hausgemachte Backwaren und Granola (geröstetes Müsli).

83 [dk] **Kanela Breakfast Club**, 1549 N Wells St. (Old Town), www.kanelabreakfastclub.com, tgl. 8–15 Uhr. Amerikanische Gerichte mit griechischem Einfluss (Kanela heißt auf Griechisch Zimt). Überwiegend biologische Zutaten und keine Fertigprodukte. Ideal zum Frühstück (süß oder salzig) oder Brunch/Lunch. Weitere Filialen siehe Website.

84 **Lost Larson (Andersonville),** 5318 N Clark St., Andersonville, www.lostlarson.com, Mi.–So. 7–15 Uhr. Bäckerei und gemütliches kleines Café: Es gibt Croissants, Buns, Danishes, Muffins, Zimtschnecken und Brote zu gutem Kaffee. Weitere Filiale:

85 [al] **Lost Larson (Wicker Park),** Wicker Park, 2140 W Division St.

86 [ak] **Mindy's Bakery,** 1623 N. Milwaukee Avenue, www.mindysbakery.com, Mi.–Fr. 7.30–15, Sa., So. 8–15 Uhr. Dessertbar von Mindy Segal mit frischem Gebäck und Kuchen, Hot Chocolate mit Marshmallows, Milkshakes und Sorbets. Es gibt aber auch volle Gerichte, Sandwiches und Salate.

87 [C7] **Monadnock Coffeebar,** 53 W Jackson Blvd., Mo.–Fr. 7–18, Sa. 8–14,

094ch Abb.: mb

Cupcakes und andere süße Leckereien kann man in zahlreichen Cafés genießen

Deutsches Essen und gutes Bier gibt es im The Berghoff

So. 5–11 Uhr. Frisch gebrühter Kaffee in historischem Ambiente.

88 [ak] **Stan's Donuts and Coffee,** 1560 N Damen Ave, www.stansdonuts.com, tgl. 6–20 Uhr. Donut-Bäckerei mit Riesenauswahl an ungewöhnlichen Donuts wie Peanut-Banana oder Nutella-Banana, dazu wird Intelligentsia Coffee ausgeschenkt. Filialen siehe Website.

89 [D3] **Starbucks Reserve Roastery Chicago,** 646 Michigan Ave. Diese Starbucks-Filiale über mehrere Etagen soll die größte der Welt sein (mit Bar, Bäckerei und Rösterei). Besonders schön ist die Dachterrasse!

Smoker's Guide

In ganz Illinois ist das **Rauchen** in öffentlichen Gebäuden und auf Plätzen wie auch in Restaurants, Bars, Theatern und Konzerthallen etc. **verboten.** Gleiches gilt an Arbeitsplätzen, in Nahverkehrsmitteln und Taxis. Die meisten Hotels sind mittlerweile ebenfalls komplett rauchfrei. Auch in Clubs, Discos oder Bars ist das Rauchen verboten und es gibt nur wenige Cigar Lounges:

92 [ci] **House of Hookah,** 607 W Belmont St. Nur abends geöffnete Raucherlounge mit gutem Angebot an Tabakwaren, Wasserpfeifen, aber auch Kaffee und Tee sowie Accessoires.

93 [D6] **Iwan Ries & Co.,** 19 S Wabash Ave., 1. OG. Mit einer Tagesmitgliedschaft ($ 20–25) kann man bequem sitzend nach dem Einkauf im Luxus schwelgen und rauchen.

94 [dk] **Up Down Cigar,** 1550 N Wells, Old Town, Mo.–Sa. 10–mind. 23, So. 11–mind. 23 Uhr. Große Auswahl an Rauchwaren und Veranstaltungen.

Chicago am Abend

Chicago ist als Stadt des Blues und als Mekka des Jazz bekannt und die entsprechenden Festivals im Grant Park sind immer gut besucht. Chicago ist jedoch auch die Wiege der House Music, es gibt ein vor über 100 Jahren gegründetes Sinfonieorchester und Fans von Folk, Country, Rock, Latin und Reggae kommen ebenfalls auf ihre Kosten.

Nachtleben

Chicago gilt als „Official Home of the Blues", doch das musikalische Spektrum ist breit gefächert. Konzentriert findet man Musikclubs in **Lincoln Park,** wobei dieses Viertel entlang der N Lincoln Ave. im Bereich der W Fullerton Ave. auch für seine lebhafte Barszene bekannt ist. **Wrigleyville/ Lakeview** wird von einem jungen (studentischen) Publikum und den Fans der Cubs frequentiert und hier befindet sich auch **Northalsted.** Ein weiterer Hotspot mit vielen Bars ist **Wicker Park/Bucktown** (North/Milwaukee/ Damen Ave.). Das Dreieck Rush/Chicago/Dearborn St. an der **Gold Coast** gilt ebenfalls als „Partyzone". Auch **River North** und der **West Loop** locken mit Clubs und Lounges.

Nightclubs

90 [ci] **Roscoe's,** 3356 N Halsted/ Roscoe St., https://roscoes.com. Liveunterhaltung, So. DJs, beliebt in der *gay and lesbian community* von Northalsted.

91 [B3] **Sound-Bar,** 226 W Ontario St., https://sound-bar.com. Großer, schicker und angesagter Club mit neun Bars auf verschiedenen Ebenen. Es legen DJs auf und es gibt Live-Events.

95 [ak] **Subterranean,** 2011 W North Ave., www.subt.net. Auf drei Ebenen mit Late

Night Lounge (DJs), Cabaret Room (Livemusik) und Bar mit Drinks und kleinen Gerichten.

96 [C1] **The Hangge-Uppe,** 14 W Elm St., https://hanggeuppe.com. Alteingesessener, eher rustikaler Nachtclub auf verschiedenen Ebenen mit mehreren Bars und Tanzflächen. DJ-Musik, v. a. Rock'n'Roll, Rock und Disco aus den 1950er- bis 1980er-Jahren.

Livemusik

97 [C4] **Andy's Jazz Club,** 11 E Hubbard St., https://andysjazzclub.com. Eines der bekanntesten Jazz-Etablissements Chicagos. Jeden Abend Livemusik von traditionellem Jazz und Swing bis Bop, Fusion, Latin und Afro-Pop in Salon-Atmosphäre.

98 [C3] **Blue Chicago on Clark,** 536 N Clark St./Grand Ave., www.bluechicago.com, Mi.–So. geöffnet. Club im Stil der 1940er-Jahre mit zugehörigem Souvenir-/Musikladen.

99 [D8] **Buddy Guy's Legends,** 700 S Wabash Ave./E Balbo Ave., https://buddyguy.com. Legendärer Nightclub des Bluesgitarristen Buddy Guy, der gelegentlich auch noch selbst in die Saiten greift. Hier traten schon Stars wie Eric Clapton, Van Morrison, David Bowie, Mick Jagger, ZZ Top oder Junior Wells auf. Heute stehen Mi.–So. v. a. Nachwuchskünstler auf der Bühne; zugehöriges Soulfood-Lokal.

100 [bg] **Carol's Pub,** 4659 N Clark St., www.carolspub.com, Di.–Sa. Trendige Hipster-Bar mit Live-Country- und Western-Musik (separate Tickets) sowie Karaoke, Comedy, Trivia-Quizveranstaltungen etc. Zu Essen gibt es Burger, Sandwiches, Chicken Wings u. a.

101 [bg] **Green Mill,** 4802 N Broadway/Lawrence Ave., https://greenmilljazz.com. Ältester noch bestehender Jazzclub der Stadt (von 1907), breites Jazzspektrum, vielfach Auftritte von jungen Talenten. Mit guter Bar/Cocktaillounge.

010ch Abb.: mb

102 [C4] **House of Blues,** 329 N Dearborn St., www.houseofblues.com. Restaurant und Bluesclub auf fünf Ebenen mit 11.500 Plätzen in der „Music Hall". Fast tgl. Livekonzerte, v. a. Rock und Funk, außerdem kleinere Backporch-Bühne und beliebter „Gospel Brunch" am So. (Südstaatenküche).

103 [C8] **Jazz Showcase,** 806 S Plymouth St. (Dearborn Station), www.jazzshowcase.com. 1947 gegründeter Jazzclub, in dem schon legendäre Musikgrößen wie Charlie „Bird" Parker oder John Coltrane auftraten.

104 [cj] **Kingston Mines,** 2548 N Halsted St., www.kingstonmines.com. Angesagter Bluesclub von 1968 mit Doc's Kitchen Restaurant.

Chicago und der Blues sind untrennbar miteinander verbunden, nicht nur im Buddy Guy's Legends

105 [bi] **Schubas Tavern,** 3159 N Southport Ave., https://lh-st.com. Täglich Livemusik in einem ehemaligen Brauereigebäude (Schlitz) mit alter Mahagonibar in Lakeview, breites Spektrum von Honky-Tonk über Indie Rock, Jazz und Pop bis Country. Zugehörige *Tavern* (außer So., Mo.) mit handfester amerikanischer Küche.

Cocktail- und Weinbars

106 [bm] **City Winery Chicago,** 1200 W Randolph St., Tel. 312 7339463, https://citywinery.com/chicago, tgl. ab 16, Sa., So. ab 12 Uhr. Sitzplätze innen und im Freien, dazu die hauseigenen Weine vom Fass. Touren mit Tastings (kostenpflichtig) sowie diverse Shows und Konzerte. Im Sommer Bar am Riverwalk (s. S. 38).

107 [bo] **Punch House,** 1227 W 18th St., tgl. ab 18 bis 2/3 Uhr, www.punchhousechicago.com. Cocktailbar im UG der Thalia Hall. *Punches* – fruchtige Cocktails, die Bowle ähneln – sind die Spezialität, dazu Sandwiches. Größere Speisenauswahl im OG, im Restaurant Dusek's.

108 [C3] **The Berkshire Room,** 15 E Ohio St. (River North), www.theberkshireroom.com, tgl. 17–mind. 24 Uhr. Bar im ACME Hotel, bekannt für hochwertige, kreative Cocktails.

109 [C4] **Three Dots and a Dash,** 435 N Clark St., www.threedotschicago.com, tgl. 16–mind. 24 Uhr. Tiki-Cocktailbar mit kleinen, preiswerten Gerichten.

MEIN TIPP

Kleinbrauereien und Brennereien

Fruchtbarer Boden und gutes Klima machen Illinois zum Agrarstaat. Angebaut wird u. a. der für die Bierherstellung wichtige Weizen und diesen nutzen in Chicago Kleinbrauereien oder *Microbreweries* wie **Goose Island Beer Co.** (1988 eröffnet). Seit 2003 existiert die **Revolution Brewery,** gegründet von Josh Deth (www.revbrew.com), ehemals Mitarbeiter bei Goose Island. Drei Jahre später entstand die **Half Acre Beer Company** (www.halfacrebeer.com) und es folgten weitere Kleinbrauerein wie **DryHops Brewers,** spezialisiert auf hopfenlastige Ales und IPAs, oder Half Acre, zumeist mit zugehörigem Ausschank.

Wer sich einen Überblick verschaffen möchte, sollte sich den kostenlosen **Chicago Brew Pass** für das Smartphone herunterladen: www.choosechicago.com/brewpass.

110 [ci] **DryHops Brewers,** 3155 N Broadway (Red/Brown Line „Belmont"), www.dryhopchicago.com. Kleinbrauerei und Pub mit Snacks (Salate, Sandwiches u. v. m.) bis Mitternacht.

111 [bm] **Goose Island Brewpub,** 1800 W Fulton St. (Green/Pink Line „Ashland"), www.gooseisland.com, Mi.–So. ab mittags geöffnet, Mo., Di. geschlossen. Brewpub mit guter Küche. Außerdem Brauereitouren (Sa., So., $ 15 inkl. Probe und Glas) und Ausschank.

112 **Half Acre Beer Company,** 2050 W Balmoral Ave. (Brown Line „Western", dann Bus 49B bis „Western/Berwyn"). *Tap Room* der Brauerei mit Imbiss.

113 [cm] **Haymarket Pub & Brewery,** 737 W Randolph St. (West Loop/Fulton Market D.).

114 [bh] **Koval Distillery,** 4241 N Ravenswood Ave. (Red Line „Argyle" oder „Berwyn"), www.koval-distillery.com, Sa., So. verschiedene Touren.

115 **Revolution Brewing,** 2323 N Milwaukee Ave. (Blue Line „California"). Brewpub der gleichnamigen Kleinbrauerei mit frisch gezapften Bieren und gutem Essen, dazu gelegentlich Konzerte.

116 [ak] **Violet Hour,** 1520 N Damen Ave., www.thevioletthour.com. Schicke Lounge in Wicker Park, die als „Cocktail-Mekka" gilt („Honeysuckle" probieren!); dazu *fingerfood.*

Kneipen und Pubs

117 [bg] **Hopleaf Bar,** 5148 N Clark St, https://hopleafbar.com. Mekka für Craftbeer-Fans in Andersonville, aber auch sonst gut sortierte Bar, dazu Sandwiches, Salate, *Mussels and Fries* etc.

118 [C8] **Kasey's Tavern,** 701 S Dearborn St., https://kaseystavern.com. 1974 gegründete Taverne, jeden Tag Bier-Specials, viele davon vom Fass, auch deutsche Biere.

119 [ak] **Nick's Beergarden,** 1516 N Milwaukee Ave., www.nicksbeergarden.com. Gemütlicher „Hangout" und Bar, bis mind. 4 Uhr morgens geöffnet. Bunt gemischtes Publikum, Happy Hour, Jukebox, oft Livemusik ohne Eintrittsgeld!

120 [dk] **Old Town Ale House,** 219 W North Ave., www.theoldtownalehouse.com. Zur Brotzeit oder auf ein kühles Bier empfiehlt sich diese Institution in Old Town.

121 [co] **Pilsen Yards,** 1163 W 18th St., www.pilsenyards.com, Mi., Do. 15–22, Fr. 15–23, Sa. 11–23, So. 11–21 Uhr (am Wochenende Brunch). Mit Speakeasy-Bar The Alderman (16 Plätze, Cocktails). Großer, beheizbarer Patio und Hangout mit großer Bar, dazu lateinamerikanisches Streetfood und Do.–So. DJs.

122 [ci] **Sheffield's Beer & Wine Garden,** 3258 N Sheffield Ave./School St., www.sheffieldschicago.com. Bar mit langer Weinliste, v. a. von jungem Publikum frequentiert. Beliebt ist der Biergarten, in dem man aus rund 80 Bieren, auch hausgebrauten (Stout!), wählen kann.

123 **Union,** 2202 N California Ave. (Logan Sq.), www.unionlogansquare.com, tgl. ab 17 Uhr. An 24 rotierenden Zapfhähnen werden alle Biersorten ausgeschenkt, die man sich vorstellen kann. Außerdem große Whisk(e)y-Auswahl und Salate, Burger, Chicken sowie andere typische Pubkost als Grundlage.

Theater und Konzerte

Chicago ist von jeher für seine **blühende Theaterszene** bekannt, allein die Existenz mehrerer **historischer Theater** aus dem frühen 20. Jh. zeugt davon. Zudem werden **Broadway-Produktionen** hier getestet, ehe sie in New York zur Aufführung kommen. Vier historische Theater im Loop – Cadillac Palace Theatre, James M. Nederlaander Theatre, CIBC Theatre (Majestic) und Auditorium Theatre sowie das neue Broadway Playhouse at Water Tower Place werden unter dem Motto **„Broadway in Chicago"** (Tel. 1 800 7752000, www.broadwayinchicago.com) beworben. Das **Goodman Theatre** zeigt v. a. klassische und zeitgenössische Stücke, während das Spektrum des **Chicago Theatre**

Tickets und Veranstaltungshinweise

- **Hot Tix,** in Block 37 (s. S. 77), Mo.–Sa. 10–18, So. 11–17 Uhr. Tickets für viele Events zum halben Preis.
- **Gold Coast Tickets,** Tel. 1 800 8899100, https://goldcoasttickets.com. Tickets für Konzerte, aber auch Sportevents.
- **https://eventguide.com/chicago** – täglich aktualisierter **Veranstaltungskalender und Tickets**
- **www.chicagoplays.com** – nach Daten und Genres sortierte Übersicht über das **Theaterprogramm**
- **www.chicagotribune.com/entertainment** – Live-Events aller Art

von Konzerten, Kabarett und Theater bis hin zu Aufführungen des Cirque du Soleil reicht. Kleinere, aber nicht minder interessante Bühnen sind beispielsweise **Steppenwolf, Second City** oder **Lookingglass.**

Veranstaltungsorte und Bühnen

1 [D5] **Chicago Cultural Center** mit Claudia Cassidy Theater – verschiedene Theateraufführungen und Konzerte – und Preston Bradley Hall, ein Studiotheater, das zu unterschiedlichen Zwecken genutzt wird (s. S. 14).

124 [D6] **Chicago Symphony Center,** 220 S Michigan Ave., Tel. 312 2943000, https://cso.org. Bühne, Theater und Restaurant unter einem Dach. Es handelt sich um das „musikalische Herz" Chicagos und den Auftrittsort des Chicago Symphony Orchestra unter Leitung von Riccardo Muti und Ken-David Masur (Sept.–Juni).

125 [G9] **Huntington Bank Pavilion at Northerly Island,** 1300 S Linn White Dr., Tel. 312 5402668, www.livenation.com. Auf dieser Open-Air-Bühne treten große Stars auf, v. a. an Wochenenden (April–Okt.).

126 [cj] **Lincoln Hall,** 2424 N Lincoln Ave., Tel. 773 5252501, https://lh-st.com. Liveauftritte am Wochenende, dann auch Restaurant- und Barbetrieb.

127 [B6] **Lyric Opera House,** 20 N Upper Wacker Dr., Tel. 312 4190033, www.lyricopera.org. Von Sept. bis März tritt in diesem schönen Art-déco-Auditorium (von 1929) mit 3600 Plätzen die Lyric Opera of Chicago auf, in der Nebensaison Gastensembles oder Einzelkonzerte.

16 [D6] **Millennium Park** mit Open-air-Bühne Jay Pritzker Pavilion, www.jaypritzkerpavilion.com. Im Sommer Konzerte und Aufführungen sowie Festivals im und um den Pavilion, z. B. Grant Park Music Festival (klass. Konzerte), Millennium Park Summer Music Series (Mo. und Do. versch. Konzerte) oder Jazz Festival (s. S. 27).

128 [ag] **Old Town School of Folk Music,** 4545 N Lincoln Ave., Tel. 773 7286000, www.oldtownschool.org. In der Gary and Laura Maurer Concert Hall, die bekannt ist für die Nähe der Plätze zur Bühne, gibt es ein breites Spektrum an „Weltmusik" und selbst große Stars treten hier auf. Dazu breites Musik- und Tanzkursangebot sowie Music Store.

129 [bo] **Thalia Hall,** 1807 S Allport St., Tel. 312 3793981, www.thaliahallchicago.com. Historische Bühne, 1890 von John Dusek nach dem Vorbild des Prager Opernhauses gegründet und Ort großer (heute v. a. Pop-) Konzerte. Zugehörig: Restaurant Dusek's und Punch House.

130 [bl] **The Salt Shed,** 1357 N Elston Ave., www.saltshedchicago.com. Bis 2015 von Morton Salt genutzt, wird das unter Denkmalschutz stehende Gebäude seit 2022 als „The Shed" (3600 Plätze) für Konzerte und Festivals genutzt. Dazu Außenbereich The Fairgrounds für bis zu 5000 Besucher.

Theater

131 [D7] **Auditorium Theatre,** 50 E Ida B. Wells Drive, https://auditoriumtheatre.org. In einem von goldenen Bögen überspannten Auditorium, das 1889 nach Plänen von Louis Sullivan und Dankmar Adler eröffnet wurde, gibt es Ballett und Konzerte, dazu Touren (Mo./Mi.).

132 [D2] **Broadway Playhouse at Water Tower Place,** 175 E Chestnut St., www.broadwayinchicago.com/theatre/broadway-playhouse. Bühne an der Mag Mile für Aufführungen von „Broadway in Chicago" an jener Stelle, an der einst das Drury Lane Theatre stand.

133 [C5] **Cadillac Palace Theatre,** 151 W Randolph St., www.broadwayinchicago.com/theatre/cadillac-palace-theatre. In diesem eleganten Theater von 1926 mit

2500 Plätzen wurden schon große Musicals wie „Lion King“ aufgeführt.

- 134 [G4] **Chicago Shakespeare Theater,** 600 E Grand Ave., www.chicagoshakes.com. Shakespeare-Stücke am Navy Pier auf drei Bühnen, neueste ist „The Yard“. Im Sommer „Shakespeare in the Parks“.
- 3 [D5] **Chicago Theatre.** 4600 Plätze in einem Bau von 1921. Der „Klassiker“ im Loop, als Kino eröffnet, heute Veranstaltungsort für Gastkonzerte großer Stars (s. S. 17).
- 135 [C5] **Goodman Theatre,** 170 N Dearborn, www.goodmantheatre.org. Ältestes und größtes gemeinnütziges Theater Chicagos. Aufführungen von Klassikern und zeitgenössischen Theaterstücken.
- 136 [D5] **Harris Theater for Music and Dance at Millennium Park,** 205 E Randolph St./Columbus Dr., www.harristheaterchicago.org. Sitz von gleich mehreren Organisationen, u. a. von Ballet Chicago, Chicago Opera Theater, Chicago Sinfonietta, Hubbard Street Dance Chicago (www.hubbardstreetdance.com), Joffrey Ballet of Chicago und Lyric Opera Center for American Artists. Verschiedene Aufführungen vor rund 1500 Zuschauern.
- 137 [C5] **James M. Nederlander Theatre,** 24 W Randolph St., www.broadwayinchicago.com/theatre/chicagos-james-m-nederlander-theatre. Prächtiges, orientalisch angehauchtes Theater von 1926, entworfen von George L. und Cornelius W. Rapp. Anfangs Kino mit Begleitshows, heute Musical-Bühne und Teil von „Broadway in Chicago“.
- 138 [D2] **Lookingglass Theatre Company,** 821 N Michigan Ave., https://lookingglasstheatre.org. Renommiertes Theaterensemble im denkmalgeschützten Water Tower Water Works Building. 1988 von Studenten der Northwestern University gegründet. Tanz, Artistik, Neuinszenierungen und Broadway-Shows.
- 139 [dk] **Second City,** 1616 N Wells St., www.secondcity.com. Institution in Old Town: Dinnertheater, das seit 1959 sozialkritische und politische Satire, Comedy und Improvisationen bietet.
- 140 [ck] **Steppenwolf Theatre Company,** 1650 N Halsted St., www.steppenwolf.org. Ensemble von Weltruf (gegründet 1976), das schon für viel Aufsehen gesorgt hat.
- 141 [C6] **The PrivateBank Theatre,** 18 W Monroe St., www.chicago-theater.com/theaters/privatebank-theatre/theater.php. Befindet sich im Majestic Building und wurde 1906 als „Majestic“ eröffnet, v. a. Musical-Aufführungen.

011ch Abb.: mb

Das Chicago Theatre 3 von 1921, eines der noch erhaltenen historischen Theater

Chicago zum Stöbern und Shoppen

Schon Mitte des 19. Jh. genoss die Stadt dank Geschäften wie Carson Pirie Scott, Mandel's, Rothschild's, Marshall Field's oder Lytton's einen legendären Ruf. Noch heute locken edle Läden und hervorragend sortierte Kaufhäuser wie das altehrwürdige Marshall Field's (heute Macy's), Neiman Marcus oder Bloomingdale's.

Einkaufsregionen

Interessante Shops und Boutiquen verteilen sich auf das ganze Stadtgebiet, allerdings gibt es Viertel, die für eine Einkaufstour geeigneter sind als andere:

- **Magnificent Mile** (N Michigan Ave., www.themagnificentmile.com): In Near North bieten sich über acht Blocks – vom Chicago River bis zur Oak St. – unzählige Shops und Lokale sowie einige größere Malls wie Water Tower Place (s. S. 77) oder 900 North Michigan (s. S. 77) zum Shoppen an. Neu ist der größte Starbucks der Welt (s. S. 70). Den nördlichen Abschluss bildet die E Oak Street und auch an ihr reihen sich nach Westen bis zur N Rush St. exklusive, meist kleinere (Designer-/Trend-)Boutiquen, Bars und Restaurants auf.
- Die Hauptachse des Loop ist die **State Street.** Besonders attraktiv, auch für kleinere Geldbeutel, ist der Abschnitt südlich des Chicago Theatre. Hier befindet sich mit Marshall Field's/Macy's eines der größten Kaufhäuser der Welt und gegenüber bietet Block 37 gehäuft Shops und Lokale. An der **Wabash Avenue** heißt der Abschnitt zwischen Madison und Monroe Street **Jeweler's Row** und bietet Schmuckläden und Ateliers, u. a. im Jeweler's Center (5 S Wabash Ave.).
- 42 [ak] **Bucktown/Wicker Park:** Konzentration von Lokalen und Läden um die Kreuzung N Milwaukee/W North/N Damen Ave. Trendig mit Retro- und Designerkleidung (Ragstock, s. S. 78), auch Musik (Reckless Records, s. S. 79), Bücher (Myopic, s. S. 79) und Antiquitäten. Besonders lohnend sind Milwaukee und Damen Ave. im Abschnitt zwischen Division und Fullerton St.
- **Lincoln Park:** An der Armitage Ave., von der Halsted St. bis zur Racine El-Station, gibt es zahlreiche ausgefallene Shops (v. a. Accessoires und Schmuck), Boutiquen und Restaurants.
- **Lakeview East:** Perfekt zum Essengehen und Shoppen, v. a. folgende Abschnitte lohnen: N Broadway (ca. 2900–3500er-Block), N Clark St. (2800/2900er-Nummern) sowie W Diversey Pkwy. (Grenze zum Viertel Lincoln Park). An der Halsted zwischen W Addison St. und W Belmont Ave. findet man v. a. Bücher, Musik und ausgeflippte Boutiquen.
- **Andersonville** (s. S. 67): Ein Spaziergang entlang der N Clark St. führt vorbei an zahlreichen kleinen, interessanten Läden, Cafés und Lokalen.
- **Old Town Triangle:** Hauptachsen sind die N Wells St. und W North Ave. mit „Second City" (s. S. 75) im Zentrum.

Shoppingareale

Die wichtigsten Shoppingbereiche der Stadt sind im Kartenmaterial mit einer rötlichen Fläche markiert.

Exklusiv Shoppen im Water Tower Place an der Mag Mile

MEIN TIPP

Malls in Chicagoland

Das Umland von Chicago ist mit Einkaufszentren aller Art gesegnet, teilweise handelt es sich um günstige Outlet Center.

146 **Chicago Premium Outlets,** 1650 Premium Outlets Blvd., Aurora (I-290 W/ Eisenhower Expressway zur I-88 W, Exit „Aurora/N Farnsworth Ave."), www.premiumoutlets.com/outlet/chicago. Über 140 Geschäfte weltbekannter Marken verkaufen hier zu „Fabrikpreisen".

147 **Fashion Outlets of Chicago,** 5220 Fashion Outlets Way, Rosemont, www.fashionoutletsofchicago.com. In Flughafennähe (Blue Line „Rosemont" bzw. Shuttle-Service ab Flughafen bzw. Innenstadt, s. Website). Über 120 Läden, die Markenartikel preiswert anbieten.

148 **Westfield Old Orchard,** 34 Old Orchard Center, Skokie (I-94 bis Exit „Old Orchard Road"), www.westfield.com/united-states/oldorchard. Hier gibt es gut 140 Läden und Kaufhäuser – u. a. Bloomingdale's, Nordstrom, Lord & Taylor, Macy's – sowie Kinos und Serviceeinrichtungen.

149 **Woodfield Mall,** 5 Woodfield Shopping Center, Schaumburg (I-90, Hwy. 53, Exit „Woodfield Rd." oder Blue Line bis „Rosemont Station", dann Pace Bus 606), www.simon.com/mall/woodfieldmall. Die Mall, eine der größten im Großraum Chicago, beherbergt Kaufhäuser wie Nordstrom und Macy's, aber auch fast 300 kleinere Shops und Lokale warten hier auf die Shoppingfans.

Shoppingcenter und Kaufhäuser

142 [D2] **900 North Michigan,** 900 N Michigan Ave., www.shop900.com. Toprestaurants und exklusive (teure) Geschäfte, darunter Bloomingdale's, Gucci oder Lalique. Foodhall im OG (Aster Hall, s. S. 64).

143 [C5] **Block 37 Shops,** 108 N State/ Randolph St., www.blockthirtyseven.com. Shoppingmall im Loop mit Boutiquen, Lokalen und Kinokomplex sowie Hot-Tix-Ticketverkauf.

2 [D5] **Macy's.** Das architektonisch sehenswerte ehemalige Kaufhaus Marshall Field's mit Tiffany-Kuppel und Walnut Room (Restaurant 7th floor) von 1907 (s. S. 16).

144 [D3] **Neiman Marcus,** 737 N Michigan Ave. Kaufhaus der gehobenen Kategorie.

145 [D2] **Water Tower Place,** 835 N Michigan Ave., www.shopwatertower.com. Läden bekannter Marken wie Pandora, Forever 21 und Ragstock an der Mag Mile; dazu Restaurants und Imbissgelegenheiten sowie das Chicago Sports Museum (www.chicagosportsmuseum.com) als Teil von Harry Caray's Restaurant.

095ch Abb.: mb

MEINE TIPPS

Chicago Popcorn

Chicago ist für Popcorn bekannt und **Garrett** (www.garrettpopcorn.com) gilt als Aushängeschild. Der 1949 gegründete Familienbetrieb wurde vor allem mit den Sorten „CaramelCrisp" und „CheeseCorn" (auch als Mix erhältlich!) berühmt. Es gibt mehrere Filialen in der Stadt, u. a.

157 [C5] **Garrett Popcorn (1),** 26 W Randolph St.

158 [D6] **Garrett Popcorn (2),** 4 E Madison St.

159 [D3] **Garrett Popcorn (3),** 625 N Michigan Ave.

24/7 Shops

Viele der verbreiteten Walgreens-, CVS- und Jewel-Osco-Filialen (Drogeriemärkte), die auch Tiefkühlkost, Snacks und alkoholfreie Getränke führen, sind quasi rund um die Uhr geöffnet, z. B.:

160 [bj] **Jewel-Osco,** 2940 N Ashland Ave. (Lakeview). 5–1 Uhr geöffnet, zentraler liegt die Filiale in der 550 N State St., die allerdings nur von 6–24 Uhr geöffnet hat.

161 [D2] **Walgreens (1),** 757 N Michigan Ave., www.walgreens.com. 24 Std. geöffneter Drogeriemarkt, in dem es eine große Auswahl an Lebensmitteln, Obst, Süßigkeiten und eine Weinabteilung gibt. Weitere Filialen siehe Website.

Mehrwertsteuer

Zu den ausgeschilderten Preisen kommt in Chicago eine **sales tax** (Mehrwertsteuer) von 10,25 % (im Rest von Illinois 6,25 %).

☒ *Beliebt: der Shop der berühmten Eishockeymannschaft Blackhawks*

150 [D3] **The Shops at North Bridge,** 520 N Michigan Ave., www.theshopsatnorthbridge.com. Mehrere Restaurants, Hotels und Läden unter einem Dach, außerdem Kaufhaus Nordstrom.

Bekleidung und Accessoires

151 [bg] **Milk Handmade** ✿, 5137 N Clark St. „Sustainably made goods from independent designers" – hier gibt es Kleidung und Accessoires sowie verschiedene Deko-Artikel von lokalen Designern. Unikate.

152 [C5] **Nordstrom Rack,** 24 N State St., https://stores.nordstromrack.com/us/il/chicago. „Billigversion" des Edel-Bekleidungshauses mit Designerschnäppchen. Weitere Filialen siehe Website.

153 [D3] **Original Levi's Store,** 600 N Michigan Ave. Großer Laden, der alle Stile, Größen und Arten von Jeansbekleidung und diverse Accessoires bietet.

154 [ci] **Out of the Closet** ✿, 3311 N Halsted St., https://outofthecloset.org. Gemeinnütziger Secondhandladen der AIDS Healthcare Foundation mit Kleidung, Haushaltwaren u. v. m. Weitere Filialen siehe Website.

155 [ak] **Ragstock,** 1459 N Milwaukee Ave., Wicker Park, https://ragstock.com. Gebrauchte Kleidung (1960er- bis 1990er-Jahre), aber auch Neuware für Männer und Frauen, ziemlich cool und dazu preiswert. Zwei weitere Filialen siehe Website.

Bücher und Musik

156 57th Street Books, 1301 E 57th St., https://57th.semcoop.com, tgl. 10–20 Uhr. Individueller Buchladen in Hyde Park mit breitem Angebot und außerdem verschiedenen Events wie Lesungen oder Kinderveranstaltungen.

162 [D4] **After-Words,** 23 E Illinois St., http://after-wordschicago.com. Neue und gebrauchte Bücher in großer Auswahl (auch Neuerscheinungen).

163 [ak] **Myopic Books,** 1564 N Milwaukee Ave., www.myopicbookstore.com, tgl. 12–20 Uhr. Buchladen, in dem es auf drei Stockwerken alte und neue Bücher gibt. Zugleich Treff des Viertels und Veranstaltungsort von Konzerten, Lesungen u. a. Events.

164 **Rattleback Records,** 5405 N Clark St., http://rattlebackrecords.com. Rattleback Records in Andersonville hat eine riesige Auswahl an neuen und gebrauchten Platten, CDs, Kassetten etc.

165 [bl] **Reckless Records,** 1379 N Milwaukee Ave., tgl. 10–19 Uhr, www.reckless.com. Neue und gebrauchte Platten und CDs, Videos, DVDs sowie T-Shirts und Poster, auch Gratiskonzerte. Weitere Filialen siehe Website.

166 [ci] **Unabridged Bookstore,** 3251 N Broadway, www.unabridgedbookstore.com. Schwule und lesbische Literatur, daneben große Auswahl an preiswerten Büchern.

167 [bg] **Uncharted Books,** 5140 N Clark St., www.unchartedbooks.com, Di.–So. 11–19 Uhr. Seltene, einzigartige und gut sortierte gebrauchte Bücher, dazu freundlicher, kundiger Service.

Souvenirs und Verschiedenes

168 [D4] **Apple Store (1),** 401 Michigan Ave., sowie:

169 [ck] **Apple Store (2),** 801 W North Ave. Große Läden mit den Produkten der legendären Computer- und Handy-Firma.

170 [bi] **Brown Elephant,** 3020 N Lincoln Ave., https://howardbrown.org/get-involved/brown-elephant, tgl. 11–18 Uhr. Ungewöhnlicher Secondhandladen mit preiswerten Artikeln von Kleidung bis zu Möbeln, betrieben von der Organisation „Howard Brown Health", die LGBT-Projekte unterstützen. Zwei weitere Filialen siehe Website.

096ch Abb.: mb

› **Cubs Shop,** in The Shops at North Bridge (s. S. 78). Fanshop der beliebten Baseballmannschaft Cubs.

171 [D4] **The Blackhawks Store,** 333 N Michigan Ave. Dieser Laden des traditionsreichen NHL-Teams ist ein Mekka für jeden Eishockeyfan.

172 [bl] **Transit Tees (1),** 1371 N Milwaukee Ave., Wicker Park, www.transittees.com. Nicht nur Chicago-Shirts, z. B. mit Train-Routenplänen, sondern auch andere typische Chicago-Souvenirs wie Spiele, Buttons, Blechposter, Tassen und Taschen. Filiale:

173 **Transit Tees (2),** 5226 N Clark St., Andersonville

Märkte

Wochenmärkte *(farmers' markets)* finden meist von Mai oder Juni bis Mitte/Ende Oktober statt. Außer den hier aufgelisteten größeren, zentral gelegenen Märkten gibt es kleinere in fast jedem Stadtviertel.

› **Infos:** www.choosechicago.com/articles/shopping-and-fashion/shop-organic-at-chicago-farmers-markets, www.chicago.gov/city/en/depts/dca/supp_info/markets.html, www.greencitymarket.org

174 [C5] **Daley Plaza**, 50 W Washington St./Dearborn St., Do. 7–15 Uhr

175 [dk] **Green City Market Lincoln Park**, La Salle/N Clark St./Stockton Dr. (Lincoln Park), www.greencitymarket.org, Mi./Sa. 7–13 Uhr (Mai–Okt.). Im Sommer frische Ware aus biologisch-lokalem Anbau.

176 [A9] **New Maxwell Street Market,** 800 S Desplaines St.–Roosevelt Rd., www.chicago.gov/city/en/depts/dca/supp_info/maxwell_street_market.html, So. 9–15 Uhr (Ende Mai–Ende Okt.). Riesiger Floh- und Wochenmarkt mit Obst/Gemüse und lateinamerikanischen Lebensmitteln, außerdem Imbissstände mit günstigen, authentisch mexikanischen Spezialitäten (Tacos/Tortillas). Nicht versäumen!

177 [bm] **Randolph Street Market,** 1341 W Randolph/1340 W Washington St., https://randolphstreetmarket.com, Eintritt $ 15 (online günstiger). Antiquitäten-, Vintage- und Designermarkt mit rund 200 Ständen im West Loop. Er findet an ausgewählten Wochenenden ganzjährig Sa./So. 10–17 Uhr teils drinnen, teils im Freien statt, dazu gibt es verschiedene Veranstaltungen und Livemusik.

Lebensmittel

In Near North finden sich einige Supermärkte, oft gekoppelt mit Imbiss *(Deli)* und Getränkemarkt, außerdem sind Drogeriemärkte wie **Walgreens** verbreitet, die ebenfalls Snacks und alkoholfreie Getränke führen.

Mit zahlreichen Supermärkten und Drugstores ist **Jewel-Osco** vertreten und daneben gibt es (Bio-)Supermarktketten wie **Trader Joe's** oder **Whole Foods.**

178 [E3] **Bockwinkel's,** 320 E Ohio St., tgl. 7–23 Uhr. Familienunternehmen, bekannt für seine Deli Specials (z. B. Sandwiches und Burgers) und andere Delikatessen. Tolle Obst- und Getränkeabteilung.

179 [D3] **Eataly,** 43 E Ohio St., www.eataly.com/us_en/stores/chicago. Italienischer Feinkostladen mit Imbiss, Bäckerei, Metzgerei, Nudelwerkstatt etc., aber auch Kochutensilien. 2007 von Oscar Farinetti gegründet.

008ch Abb.: mb

180 [D4] **Fannie May,** 343 N Michigan Ave./E Wacker Dr., www.fanniemay.com. 1920 gegründetes Schokoladengeschäft, bekannt für seine Pralinen *(candies)*. Weitere Filialen siehe Website.

181 [D3] **Trader Joe's,** 44 E Ontario St., https://locations.traderjoes.com/il/chicago. Filiale der zu ALDI Nord gehörigen Supermarktkette mit vielen lokalen und Bioprodukten; preiswerter als Whole Foods. Weitere Filialen siehe Website.

182 [C1] **Treasure Island Foods,** 75 W Elm St.

183 [B9] **Whole Foods**, im Southgate Market, 1101 S Canal St., www.wholefoodsmarket.com. Biosupermarkt der Kette, die ihren Ursprung in Austin/Texas hat. Zahlreiche weitere Filialen s. Website.

Chicago zum Durchatmen

Die traumhafte Lage Chicagos am Lake Michigan – die Stadt gilt nicht umsonst als „America's Third Coast" – mit Stränden, Uferpromenaden und Parks sowie der durch die Innenstadt fließende, renaturierte Chicago River verhelfen der geschäftigen Metropole zu einem beachtlichen Freizeit- und Erholungswert.

Egal, wo man in Chicago unterwegs ist, die **Lakefront** ist niemals weit. Sie zieht sich vom Süden (Jackson Park) bis zum Norden (Lincoln Park) über 124 Blocks – fast das gesamte Stadtgebiet – als schmaler Grünstreifen zwischen Stadt und Seeufer. Hier finden sich nicht nur Fuß- und Radwege, Sportplätze und Bootshäfen, sondern es gibt auch Bänke, Strände und Rasenflächen zum Ausruhen. Dadurch, dass die Stadt schon im späten 19. Jh. gesetzlich festgelegt hat, dass das Uferareal nicht bebaut werden darf, konnte diese einzigartige Grünanlage, ein Erholungsidyll zwischen Stadt und See, entstehen.

Das zentrale Kernstück der Lakefront bildet der **Grant Park** 18 mit dem **Millennium Park** 16 – dort lohnt besonders der **Lurie Garden** zum Verschnaufen.

Der sich südlich anschließende **Burnham Park** [E9] mit dem Museum Campus bietet dazu guten Ausblick auf die Skyline.

Auch der **Lincoln Park** im Norden ist genau genommen ein Teil der Lakefront und dazu auch ein ideales Ziel gerade für Familien, denn hier hat der **Lincoln Park Zoo** 34 seinen Sitz. An Botanik Interessierte sollten im **Lincoln Park Conservatory** (s. S. 45) vorbeischauen.

Weiter im Süden befindet sich mit dem **Jackson Park** im Viertel Hyde Park ein weiteres beliebtes Erholungsareal am Seeufer. Hier ist das **Museum of Science and Industry** 41 beheimatet, nach dessen Besuch sich eine Erholungsphase am **57th Street Beach** oder im nördlich gelegenen **Promontory Point Park** mit gutem Blick auf die Skyline anbieten.

Zu den beliebtesten und der Innenstadt nächstgelegenen **Badestränden** gehört **Oak Street Beach** (s. S. 41), die direkte Fortsetzung der Mag Mile. Er bietet einen Postkartenblick auf die N Michigan Ave. und ist bei Sonnenuntergang besonders schön. Südlich davon, am Ende des N Lake Shore Drive, ist der **Kathy Osterman Beach** (ehemals Hollywood Beach) ideal zum Leu-

Wochenmärkte gibt es im Sommer auf vielen Plätzen in Chicago tebeobachten oder um selbst sportlich aktiv zu werden. Gleiches gilt für **North Avenue Beach** oder **Ohio Street Beach** nahe dem Navy Pier 29.

Bescheiden in den Schatten der Wolkenkratzer duckt sich die **Fourth Presbyterian Church**, deren Innenhof als einer der romantischsten Plätze der Innenstadt gilt – eine Oase der Ruhe inmitten all des Trubels um die Mag Mile! Nicht weit davon befindet sich der **Washington Square** 31, dessen Bänkchen im Sommer ebenfalls einladend sind.

Am Ufer des renaturierten **Chicago River**, genauer am Riverwalk (s. S. 38), kann man gleichfalls gut den Lärm ringsum vergessen, in kleinen Grünanlagen sitzen und den Blick über Fluss und Skyline schweifen lassen. Wer möchte, kann im Kajak den Fluss entlangpaddeln (s. S. 118) und so eine neue Perspektive gewinnen.

Eine grüne Attraktion jüngeren Datums ist der Bloomingdale Trail (**The 606** 42). Auf einer etwa 5 km langen stillgelegten Eisenbahn-Hochtrasse entstand eine begrünte Promenade, auf der man durch das Viertel Wicker Park spazieren kann.

Ein anderes zukunftsweisendes Projekt ist **Wild Mile Chicago**, ein „floating eco-park" östlich von Goose Island [b–cl], zwischen Chicago und North Ave., der als Naturareal ausgebaut werden soll.

- •**184** [D2] **Fourth Presbyterian Church**, 126 E Chestnut St.
- •**185** [cl] **Wild Mile Chicago**, https://wildmile.org

Chicagos Lakefront lädt zum Sport oder zum Ausruhen ein

Zur richtigen Zeit am richtigen Ort

Am meisten ist in Chicago zwischen Mai und September los, dann finden zahlreiche (Musik-)Festivals und Veranstaltungen statt, davon viele in den Parks am Seeufer und die meisten sogar kostenlos.

Informationen zu Events und einen Veranstaltungskalender gibt es unter:

- www.choosechicago.com/things-to-do/festivals-and-special-events
- www.chicago.gov/city/en/depts/dca.html

Frühjahr

- Ende Januar/Februar (je nach Mond): **Chinese New Year Parade**, Wentworth Ave./Cermak Rd., http://chicagochinatown.org. Die Chinesen feiern den Anbruch des neuen Mondjahres.
- Am Wochenende vor dem 17. März: **St. Patrick's Day Parade**, Columbus Dr. (E Balbo Ave. – Monroe St.), www.chicagostpatricksdayparade.org. Das irische Hauptfest zu Ehren des Nationalheiligen St. Patrick mit Grün als vorherrschender Farbe.

Sommer

Von Mai bis September finden an beinahe jedem Sommerwochenende an wechselnden Orten **Summer Neighborhood Festivals** statt. Der **Grant Park** ist der wichtigste Veranstaltungsort für Feste aller Art und auf der State Street finden Paraden o. Ä. statt. Abgesehen von Musikevents gibt es in Chicago etliche **culinary events** wie „Taste of Chicago".

- Ende Mai: **El Festival Latino Sueños**, www.suenosmusicfestival.com. Im Grant Park kann man ein Wochenende lang

Reggae und Latin-Musik hören. Tickets gibt es auf der Website.

- Anfang Juni: **Gospel Music Festival,** www.chicago.gov/city/en/depts/dca/supp_info/chicago_gospel_musicfestival.html. Gospel auf mehreren Bühnen im Millennium Park bei freiem Eintritt.
- Anfang/Mitte Juni: **Chicago Blues Festival,** www.chicago.gov/city/en/depts/dca/supp_info/chicago_blues_festival.html. Das weltgrößte derartige Musikfest im Grant Park (Jackson Blvd.–Columbus Dr.) bietet an vier Tagen kostenlose Konzerte bekannter Musiker auf mehreren Bühnen, dazu zahlreiche Verkaufsstände.
- Ende Juni: **Chicago House Music Festival & Conference,** www.chicago.gov/city/en/depts/dca/supp_info/hlp.html. Panel-Diskussionen im Chicago Cultural Center 1 und große Dance-Party mit berühmten DJs im Humboldt Park und auf dem Maxwell Street Market.
- Mitte Juni–Mitte August: **Grand Park Festival,** www.grantparkmusicfestival.com. Gratiskonzerte, viel Klassik (Grant Park Orchestra & Choir, aber auch Gastinterpreten), Broadway- und Weltmusik. Im Rahmen des Festival findet auch am ersten August-Wochenende **Lollapalooza** (www.lollapalooza.com), ein viertägiges Event mit über 170 Künstlern aus den Bereichen Hip-Hop, Electronica, Reggae und Indie-Rock, statt (kostenpflichtige Tagestickets).
- 2. Augusthälfte: **Chicago Air & Water Show,** www.chicago.gov/city/en/depts/dca/supp_info/chicago_air_and_watershow.html. Ein Wochenende lang finden (kostenlose) Schiffs- und Flugvorführungen am North Ave. Beach statt. Zum Zusehen eignet sich v. a. der Abschnitt zwischen Oak St. und Montrose Beach.
- Ende Aug.: **Pizza City Fest Chicago,** https://pizzacityfest.com/events/chicago. Ein Wochenende lang gibt es von 12 bis 17 Uhr im Salt Shed Stände, Vorträge, Vorführungen u. a. Nicht ganz preiswert. Nächster Termin: 2025.
- Ende August/Anfang September: **Chicago Jazz Festival,** www.chicago.gov/city/en/depts/dca/supp_info/chicago_jazz_festival.html. Vier Tage lang Gratiskonzerte auf mehreren Bühnen im Millennium Park.

097ch Abb.: mb

Feiertage

Die Ferienzeit (Hochsaison) dauert von Memorial bis Labor Day.

- 1. Januar: **New Year's Day**
- 3. Montag im Januar: **Martin Luther King's Birthday**
- 3. Montag im Februar: **President's Day** (Washington's Birthday)
- Ende März/April: **Easter Sunday** (Ostersonntag). Am Karfreitag (Good Friday) sind nur offizielle Stellen, z. B. Ämter, geschlossen. Ostermontag gibt es als Feiertag nicht.
- letzter Montag im Mai: **Memorial Day** (Beginn der Haupt- und Feriensaison)
- 4. Juli: **Independence Day** („4th of July")
- 9. Juni: **Juneteenth** (Gedenktag zur Befreiung der afroamerikanischen Bevölkerung aus der Sklaverei)
- 1. Montag im Sept.: **Labor Day** (Ende der Feriensaison)
- 2. Montag im Oktober: **Columbus Day** (Feier zu Ehren von Kolumbus), wird vermehrt zum **Indigenous People's Day** umfunktioniert
- 31. Okt.: **Halloween** (kein offizieller Feiertag)
- 11. November: **Veterans' Day** (Erinnerung an die Kriegsveteranen)
- 4. Donnerstag im November: **Thanksgiving Day** (Erntedankfest und Start der Weihnachtssaison)
- 25. Dezember: **Christmas Day.** Heiligabend („Christmas Eve") und der zweite Weihnachtsfeiertag sind in den USA keine Feiertage.

▷ *Chicago und der Blues gehören zusammen – hier eine Hommage an Muddy Waters*

Herbst

- Anfang September: **Taste of Chicago,** www.chicago.gov/city/en/depts/dca/supp_info/taste_of_chicago.html. Seit 1980 stattfindendes dreitägiges „Fressfest" im Grant Park mit kostenlosen Konzerten. Ganztägig Unterhaltung auf mehreren Bühnen und Stände lokaler Restaurants sowie Kochdemonstrationen.
- Zweite Septemberhälfte: **World Music Festival,** www.chicago.gov/city/en/depts/dca/supp_info/wmf.html. Zehntägiges Musikfest mit Gratis-Konzerten an verschiedenen Orten, z. B. im Chicago Cultural Center 1, in der Old Town School of Folk Music und in diversen Clubs.
- Mitte Oktober: **openhousechicago,** https://openhousechicago.org. Tag der Offenen Tür, bei dem an einem Wochenende sonst nicht zugängliche Gebäude u. a. Einrichtungen geöffnet sind und Sondertouren stattfinden.

Winter

- Ende November (Sa. vor Thanksgiving): **Mag Mile Lights Festival,** www.themagnificentmile.com/lights-festival. Familienfest mit Veranstaltungen auf zwei Bühnen. Am Abend Parade entlang der N Michigan Ave. mit Feuerwerk an der Michigan Avenue Bridge.
- Ende November (Fr. vor Thanksgiving): **Christmas Tree Lightning Ceremony** auf der Daley Plaza und gleichzeitig Eröffnung des Christkindlmarket (www.christkindlmarket.com) nach deutschem Vorbild.
- Vierter Do. im November: **State Street Thanksgiving Parade,** www.chicagothanksgivingparade.com. Großer Umzug entlang der State Street (Randolph St. – Congress Pkwy.).
- 31. Dezember: **New Year's Eve Fireworks.** Silvesterfeuerwerk am Navy Pier (https://navypier.org/events/new-years-eve-fireworks).

CHICAGO VERSTEHEN

069ch Abb.: mb

Chicago ist die wohl „amerikanischste“ Stadt der USA: einerseits ein Ort der unbegrenzten Möglichkeiten, andererseits eine erfolgsorientierte Machtmetropole. Bis heute sind die politischen Seilschaften – bekannt als „Chicago Machine“ –, die seit den 1930er-Jahren die demokratische Partei beherrschen, berühmt-berüchtigt. Chicago liegt zudem an einem wichtigen historischen und geografischen Schnittpunkt: Hier ist der „Wilde Westen“ zu Ende und die „Zivilisation“ beginnt.

Chicago – ein Porträt

„Da liegt sie nun vor uns, die ‚Königin der Seen', das größte Wunder der neuen Welt (...). Nur einmal im Leben empfand ich die gleiche Aufregung, dieselben hochgespannten Erwartungen. Es war, als ich in die Ewige Stadt, in Rom, einfuhr. Und welch gewaltigen Kontrast bieten diese beiden ... Dort die älteste Stadt der Alten Welt – hier die neueste Stadt der Neuen Welt. Dort die einstige Residenz der Kaiser-Despoten und Päpste – hier die Residenz des freien Bürgers ...“

Diese schwärmerische Beschreibung Chicagos stammt von dem österreichischen Reiseschriftsteller Ernst von Hesse-Wartegg (1851–1918, „Chicago, eine Großstadt im amerikanischen Westen“, 1892). Er hatte Ende des 19. Jh. die Stadt besucht und war tief beeindruckt gewesen – wie viele seiner Zeitgenossen. Gerade damals galt Chicago im deutschsprachigen Raum als eines der „Weltwunder“ Nordamerikas.

Die Niagarafälle musste man gesehen haben und gleich danach die Stadt am Lake Michigan, so meinte auch Otto von Bismarck (1815–1909). Angesichts dieser Euphorie wundert es nicht, dass damals der **größte Bevölkerungsteil in Chicago deutschstämmig** war. Es gab natürlich auch kritische Stimmen, etwa jene der bayerischen Dichte-

rin Emerenz Meier, die 1906 nach Chicago auswanderte und ihrer neuen Heimat eine intensive Hassliebe entgegenbrachte.

Chicago gilt als **„City on an Island between two Seas“:** im Osten der einem Meer gleichende Lake Michigan, im Westen die endlose Prärie, ein „Meer von Gräsern“, das heute großteils durch Agrarregionen ersetzt wurde. Der Lake Michigan ist Teil der **Großen Seen** (Great Lakes) und dieses **größte zusammenhängende Süßwasser-Binnensystem der Erde** bestimmt Geografie und Klima der Region, wirkt ausgleichend und fungiert als Wasser- und Wärmespeicher.

Der **Großraum** der Hauptstadt des „Heartland“, der Metropole des Mittleren Westens, reicht von den Stahlwerken Garys in Indiana bis zu der Seenregion im nördlichen Lake County vor den Toren Milwaukees und gilt nach New York und Los Angeles als drittgrößter Siedlungsraum in den USA. Das Stadtgebiet bedeckt rund 600 km², die zugehörige Wasserfläche macht rund 18 km² aus. Das Seeufer mit seinen Buchten misst ca. 46 km.

Chicago in Zahlen

- **Gegründet:** 12. August 1833, Stadtrecht: 4. März 1837
- **Einwohner:** ca. 2,7 Mio., Großraum: knapp 9 Mio.
- **Einwohner/km²:** ca. 4600
- **Fläche:** 606 km²
- **Höhe ü.M.:** 179 m
- **Stadtfarben:** hellblau-weiß-rot
- **Flagge:** weißer Grund, vier rote Sterne zwischen zwei hellblauen Horizontalstreifen
- **Partnerstädte:** 29 weltweit, u. a. Hamburg, Athen und Paris

Chicagos Panorama, wie es sich vom Grant Park 18 aus präsentiert

098ch Abb.: mb

Von den Anfängen bis zur Gegenwart

Steht man heute zwischen den Wolkenkratzerschluchten Chicagos, kann man sich nicht mehr vorstellen, wie es zur Zeit der Indianer, Trapper, Abenteurer und ersten weißen Siedler hier ausgesehen hat. Die Metropole geht auf ein Dorf der Wea-Indianer zurück, die einst zwischen Lake Michigan und Ohio River siedelten.

In den 1640er-Jahren war am Südende des Lake Michigan ein **Indianerdorf** mit dem Namen „Che-cau-gou", „Checagou" bzw. „Chi-ca-gou", benannt nach dem kleinen Fluss, der in unmittelbarer Nähe in den See mündete, entstanden. Das indianische Wort bezeichnete ursprünglich die stinkenden wilden Zwiebeln, die im Mündungsbereich des Flusses massenhaft wuchsen. Die Wea waren einer der sechs Stämme, die den losen Zusammenschluss der Miami-Indianer bildeten, doch sie waren nicht die einzigen Indianer, die sich hier heimisch fühlten: Gruppen der Illinois und der gefürchteten Potawatomi lebten ebenfalls hier und es sollen insgesamt um die 6500 Indianer gewesen sein.

Über die Jahrhunderte entwickelte sich aus dem Indianerdorf eine pulsierende Weltstadt und aus der **Stadt der Schlachthöfe und Gangster** entstand ein Bankenzentrum, eine Warenbörse und eine **Top-Touristendestination.**

Geschichte im Überblick

1671: Der Forscher Louis Jolliet und der Pater Jacques Marquette erforschen das sumpfige Grasland zwischen Lake Michigan und Chicago River. Zehn Jahre später beansprucht der französische Edelmann Robert Cavalier Sieur de La Salle die Region für das französische Königreich. Er benutzt erstmals offiziell den Namen „Chi-ca-gou" und bezeichnet den Landweg zwischen Illinois und Chicago River als „Chicago Portage".

1779: Jean Baptiste Point du Sable, ein Pelzhändler, errichtet eine Handelsstation, die zum Kern der ersten dauerhaften europäischen Siedlung wird. Französisch-afrikanischer Abstammung und verheiratet mit einer Potawatomi-Indianerin, gilt der dunkelhäutige du Sable als „erster Weißer" in Chicago.

1803: Napoleon verkauft „La Louisiane" – das Gebiet zwischen Großen Seen, Mississippi, Golf von Mexiko und Rocky Mountains – an die USA (Louisiana Purchase). Nahe der Mündung des Chicago River wird von der US-Armee unter Captain John Whistler ein Militärposten namens Fort Dearborn errichtet. Ein Jahr später kauft John Kinzie du Sable die Handelsstation neben dem Fort ab.

1812–1814: Ab dem 18. Jh. werden die Indianervölker im Osten in die Streitereien der Kolonialmächte hineingezogen. Während des War of 1812 wehren sich die Stämme ein letztes Mal gegen den Vormarsch der weißen Siedler. In diesem sog. Zweiten Unabhängigkeitskrieg werden viele indianische Völker von den Briten als Verbündete angeworben und bilden unter dem legendären Shawnee-Häuptling Tecumseh die größte jemals existierende Allianz indianischer Völker. Nach dem Tod Tecumsehs 1813 ist der Widerstand gebrochen.

15. August 1812: Während des Kriegs soll Fort Dearborn evakuiert werden. Beim Verlassen des Forts werden die Bewohner von Potawatomi-Indianern angegriffen und im Fort Dearborn Massacre finden 148 Soldaten und Zivilisten den Tod. Das Fort wird 1816 – nach dem Friedensschluss mit den Briten 1814 –

an gleicher Stelle neu aufgebaut. Auch der Händler Kinzie kehrt mit seiner Familie zurück. 1837 hat das Fort ausgedient und wird 1856 abgerissen.

1818: Illinois wird als 21. Bundesstaat in die Union aufgenommen. Zu dieser Zeit ist Chicago noch eine Ansammlung von Blockhütten westlich des Forts. Da hier jedoch mehrere alte Trails zusammenlaufen, entwickelt sich der Ort rasch zum wichtigen Handelsposten.

1825: Die Eröffnung des Erie-Kanals als Verbindung zwischen Atlantik (New York) und den Great Lakes beflügelt den Handel.

1832: Black-Hawk-Krieg. Die nach dem War of 1812 praktizierte Umsiedlungspolitik der US-Regierung ruft bei Saux und Fox östlich des Mississippi Widerstand hervor. Während des Black-Hawk-Kriegs westlich von Chicago ziehen sie als letzte Völker östlich des Mississippi gegen die weiße Übermacht ins Feld, werden geschlagen und umgesiedelt.

1837: Chicago wird Stadt. Nach Vollendung des Illinois-Michigan-Kanals und der ersten Eisenbahnlinie (1848) leben über 12.000 Menschen in Chicago, das zum Bindeglied zwischen Ost und West geworden ist.

1860: Beim ersten Parteitag der Republikanischen Partei in Chicago wird Abraham Lincoln (siehe Statue Bild oben) als Präsidentschaftskandidat aufgestellt.

1865: Die Union Stock Yards eröffnen, bis in die 1970er-Jahre der größte Schlachthof der Welt. Vieh wird in Zügen von den Weiden des Westens hierhergebracht, geschlachtet, weiterverarbeitet und in die Städte im Osten geschafft.

1867: Gründung einer Eisenbahnwaggonfabrik durch George M. Pullman. Er wird wegen luxuriöser Salonwagen und einer wegweisenden Arbeitersiedlung berühmt.

8. Februar 1869: Ausweisung des Lincoln Park am Ufer des Sees zum *people's resort*. Damit wird – bis heute – Bebauung am Seeufer untersagt.

099ch Abb.: mb

1871: Das „Große Feuer" bricht am 8. Oktober, einem Sonntagabend, aus unbekanntem Grund in einer Scheune aus. Der Brand greift, begünstigt durch Trockenheit und Hitze, schnell auf die Holzhäuser im Umkreis über und wütet zwei Tage lang bis zum Morgen des 10. Oktobers, als Regen einsetzt. Fast 4 km² des Innenstadtbereichs sind betroffen, etwa 18.000 Gebäude zerstört und der Sachschaden beläuft sich auf rund $ 200 Millionen. 250 bis 300 Menschen fielen dem Feuer zum Opfer, 100.000 Stadtbewohner sind obdachlos. Die Stadt wird sofort wieder aufgebaut, das Baumaterial der zerstörten Häuser wird südlich des Flusses in den See geschüttet und so entsteht jenes Land, auf dem sich heute Parks befinden.

Stadtgründer Jean Baptiste Point du Sable

1873: Montgomery Ward & Co. wird als erstes Versandhaus der Welt in Chicago gegründet.

Um 1880: Chicago hat sich zum geschäftigsten Hafen in den USA entwickelt, mit mehr anlegenden Schiffen als New York, San Francisco, New Orleans, Boston, Baltimore und Philadelphia zusammen.

1883: Eröffnung des Art Institute of Chicago

1885: William Le Baron Jenney wendet den Stahlgerüstbau erstmals auf ein Hochhaus an und so entsteht als erster Wolkenkratzer der Welt das Home Insurance Building mit zehn Stockwerken (1931 abgerissen). Der älteste noch erhaltene Skyscraper ist das Monadnock Building (1889–1891) an der Ecke State/Van Buren St. Architekten und Ingenieure der Chicago School of Architecture revolutionieren die Baukunst weltweit.

1886: Die Situation in den Fabriken, speziell in den Schlachthöfen, und erbärmliche Lebensumstände entladen sich in den Haymarket Riots. Deutsche Immigranten führen die Gewerkschaften an. Als bei einer Demonstration eine Bombe hochgeht und die Polizei wahllos in die Menge schießt, sterben sieben Polizisten und zahlreiche Arbeiter. Man verurteilt vier deutschstämmige Gewerkschafter unschuldig zum Tode.

6. Juni 1892: Die erste Hochbahn – bis 1898 dampfbetrieben, dann elektrisch – wird auf der Alley L (Congress Parkway bis 39th St.) in Betrieb genommen. „The Loop" wird zum Namen für den Kernbereich der Stadt, den die „L" oder „EL" (für „elevated train") auf jeweils etwa 1,5 km Länge umschließt.

1893: World's Columbian Exposition. Über 27 Mio. Besucher – über 700.000 (!) allein am „Chicago Day", dem 9. Okt. 1893, der im Gedenken an das Große Feuer von 1871 stattfindet – besuchen zwischen Mai und Oktober die Weltausstellung im Jackson Park im Süden der Stadt. F. L. Olmsted und Daniel Burnham haben das Gelände gestaltet und die Ausstellungsgebäude der „White City" – so genannt wegen der weißen Bauten – geplant. Erhalten ist heute nur noch der Palace of Fine Arts mit dem Museum of Science and Industry.

Um 1900: Bezüglich der Einwohnerzahlen belegt Chicago nach New York den zweiten Platz: 1890 leben über 1 Mio. Menschen in Chicago, um 1900 schon 1,7 Mio., darunter fast 600.000 Zuwanderer, rund 170.000 davon Deutsche, 74.000 Iren und 60.000 Polen.

1909: Um die Stadt lebenswerter zu gestalten, entwirft Daniel H. Burnham mit seinem Assistenten Edward Bennett den ersten Stadtentwicklungsplan Nordamerikas, den „Burnham Plan".

1919: Chicago Race Riot – Konflikt in der South Side von Chicago als Folge der verstärkten Zuwanderung von Schwarzen aus dem Süden nach dem 1. Weltkrieg. In der Folgezeit entwickelt sich Chicago zur „Hauptstadt von Black America".

1919–1933: Wegen des Alkoholverbots während der Prohibition erlebt die Stadt einen Aufschwung der organisierten Kriminalität, der vor allem mit dem Namen Al Capone verbunden ist.

1933: Century of Progress International Exposition. Anlässlich des 100-jährigen Stadtbestehens wird 1933 unter Beteiligung renommierter Architekten wie Hubert Burnham (Sohn von Daniel H. Burnham) eine zweite Weltausstellung ausgerichtet. Man spricht von der „Rainbow City", denn diesmal sind die Bauten bunt gestrichen und es gibt erstmals farbige Leuchtreklamen.

1950er: Im Dezember 1953 erscheint die erste Ausgabe des „Playboy", 1955 eröffnet im Vorort Des Plaines Ray Kroc das erste McDonald's-Restaurant und im selben Jahr wird der O'Hare International Airport eingeweiht.

1960: Die G.D. Searle Company bringt die erste Antibabypille, Enovid-10, auf den Markt.

1974: Der Sears (heute: Willis) Tower, das mit 443 m damals höchste Gebäude der Welt, wird eröffnet.

1983: Mit Harold Washington folgt auf Jane Byrne, der ersten Frau im Amt, der erste schwarze Bürgermeister. Er wird im April 1987 wiedergewählt, stirbt aber im selben Jahr. Zu seinen Verdiensten gehören der Ausbau des Flughafens und der Bau der Harold Washington Library.

1990er-Jahre: Die „Ära Michael Jordan". Dem Ausnahme-Basketballspieler haben es die Bulls zu verdanken, dass sie gleich sechsmal die Basketball-Meisterschaft gewinnen.

1994: Mit der Eröffnung des Navy Pier startet ein Revival der Innenstadt. Im Zusammenhang damit sind auch die Neugestaltung öffentlicher Plätze und die Renaturierung des Chicago River zu sehen.

2004: Der Millennium Park wird eröffnet.

Oktober 2005: Die White Sox gewinnen endlich wieder den Baseball-Meistertitel.

2010: Erstmals nach 1961 holt das beliebte Eishockeyteam Chicago Blackhawks den Stanley Cup, die begehrteste Meistertrophäe im Eishockeysport. Der fünfte und bis dato letzte Titelgewinn des 1926 gegründeten Profivereins fällt in das Jahr 2013.

2011: Mit dem Rückzug von Richard Michael Daley Jr. (geboren 1942) aus der Politik geht eine politische Ära zu Ende. Er leitete seit 1989 als Bürgermeister die Geschicke der Stadt und führte sie mit vielen „grünen", umweltfreundlichen Projekten ins neue Jahrtausend. Rahm Emanuel (geb. 1959) – Präsident Obamas ehemaliger White House Chief of Staff – folgt ihm nach und wird 2015 wiedergewählt.

2014: Das Wrigley Field, zweitältestes Baseballstadion der Welt und Heimat der Cubs, feiert 100. Geburtstag.

2018: Illinois Bicentennial – 200-Jahr-Feier des Bundesstaats, dessen größte Stadt Chicago ist.

2019: Die Afroamerikanerin Lori Lightfoot wird Bürgermeisterin.

2022: Die Wild Mile, ein schwimmender Ökopark bei Goose Island, wird eröffnet.

2023: Salt Shed geht als neue Indoor- und Outdoor-Konzertstätte in Betrieb.

2023: Der Afroamerikaner Brandon Johnson wird neuer Bürgermeister.

2025: Im Herbst soll das neue Obama Presidential Center eröffnen.

Leben in der Stadt

Chicago steht synonym für Kunst und Architektur, Blues und Jazz, ist bekannt für Shopping und seine vielseitige kulinarische Szene, für Radwege und Strände, viel Grün und weitläufige Parks sowie für ein buntes Leben in den Neighborhoods.

Im Großraum Chicago, der Chicago Metropolitan Area, auch „Chicagoland" genannt, leben ca. 9 Mio. Menschen. Damit ist Chicago nach New York und Los Angeles und vor Houston die **drittgrößte Stadtagglomeration der USA.** Über 2,72 Mio. Bewohner zählt die „City of Chicago", zugleich Hauptstadt des Cook County, die offiziell 77 „community areas" (Stadtviertel) und an die 180 Neighborhoods auflistet.

Als Schmelztiegel **verschiedener Ethnien** ist Chicago vergleichbar mit New York, betrachtet man jedoch die ethnische Zusammensetzung, fallen Unterschiede auf: Chicago ist nach Warschau die Stadt mit den meisten polnischen Einwohnern, aber auch viele Skandinavier, Litauer und Ukrainer, dazu Chinesen, Vietnamesen, Griechen, Italiener und Deutsche sind hier zu Hause.

Die ersten **Deutschen**, zumeist jüdischen Glaubens, waren ab den 1830er-Jahren in die Stadt geströmt, 1850 war fast ein Fünftel der Bevölkerung deutschstämmig und seither sind Deutsche zusammen mit Iren und Polen in relativ großer Zahl vertreten. Die am stärksten wachsende Bevölkerungsgruppe heute – v. a. im Südwesten und im Nordwesten der Stadt – bilden die **Hispanics** (30 %), überwiegend Einwanderer aus Mexiko, Mittelamerika und dem Karibikraum. Sie sind meist im Westen, im Viertel Pilsen, zu Hause. In Chicago gibt es eine sehr große puertoricanische Gemeinde und neu hinzugekommen sind zuletzt viele Immigranten aus Südamerika (v. a. Venezuela).

Der größte Gangster aller Zeiten

Der große **Al Capone** war am 17. Januar 1899 in Brooklyn, New York, als Alphonsus Capone geboren worden. 14-jährig wurde er Mitglied der „Five Points Gang" in Manhattan und arbeitete als Türsteher und Barmann für Gangsterboss Frankie Yale. Dabei zog er sich jene Narben zu, die ihm den Spitznamen **„Scarface"** einbrachten. 1918 heiratete er die Irin Mary „Mae" Coughlin und hatte mit ihr einen Sohn, Albert „Sonny" Francis Capone.

Bald wurde der Boden in New York zu heiß und Capones Boss schickte ihn nach Chicago. Von 1919 an lebte er mit seiner Familie in einem schlichten Haus in der 7244 South Prairie Ave. im South Loop und arbeitete für John Torrio. Dieser erkannte seine wahren Talente – Muskelkraft kombiniert mit Intelligenz – und Capone erklomm die Karriereleiter. Als Boss Torrio angeschossen wurde und Chicago verließ, stieg Capone zum neuen Boss auf, zum „Big Fellow". Während der Prohibition in den 1920er-Jahren baute er sein Syndikat aus und die Kontrolle über Wettbüros, Pferderennbahnen, Bordelle, Nightclubs, Destillerien und Brauereien machte ihn zum reichen Mann.

Dank eines Netzwerks an Spionen war er in Chicago nie wirklich in Gefahr – im Gegenteil, Capone seinerseits schaffte unliebsame Gegner durch „gunmen" rasch aus dem Weg: Während des St. Valentine's Day Massacre am 14. Februar 1929 ließ er eine gegnerische Gang von „bootleggers" (Alkoholschmugglern) niedermetzeln; nur der Bandenführer entkam. Capone wusch seine Hände in Unschuld, doch seinen Nimbus als „Sympathie-Gangster" hatte er verloren. 1930 stand er auf Chicagos Liste der 28 meistgesuchten Kriminellen und war „Public Enemy Number One".

Nachdem 1927 gesetzlich eine Steuer auf Wett- und ähnliche Einnahmen eingeführt worden war, wurde auch Capone zur Kasse gebeten. Allerdings gelang es erst 1931, ihn tatsächlich wegen Steuerhinterziehung zu einer Geldstrafe zu verurteilen. Nachdem alle Bestechungsversuche nichts mehr halfen, kam er im Mai 1932 in Atlanta ins Gefängnis, wo er sich jedoch schnell Privilegien schuf. Als Folge verlegte man ihn nach Alcatraz (San Francisco), doch da er unter Syphilis litt, wurde er im November 1939 entlassen. In Palm Island (Florida) verschlechterte sich sein Gesundheitszustand, 1947 erlitt er einen Schlaganfall, anschließend eine Lungenentzündung und am 25. Januar 1947 starb der größte Gangster aller Zeiten. Begraben ist er auf dem Mount Carmel Cemetery im westlichen Vorort Hillside.

Während und nach dem Bürgerkrieg (1861–1865) waren zahlreiche **Afroamerikaner** auf der Suche nach besseren Lebens- und Arbeitsbedingungen aus dem amerikanischen Süden nach Chicago eingewandert. Eine zweite Welle folgte nach dem Ersten Weltkrieg. Heute stellen Afroamerikaner etwa 30 % der Bevölkerung Chicagos und wohnen konzentriert im Süden und Westen der Stadt (v. a. South Side).

Chicago war immer aktiv in den Bereichen **Sozialreformen, Menschenrechte** und **Gewerkschaften.** Beispielsweise machte sich die Sozialreformerin und Bürgerrechtlerin **Jane Addams** (1860–1935) mit der Einrichtung des **Hull House** für Arbeiter in der West Side verdient. Sie kooperierte mit Gewerkschaften und Reformgruppen und setzte sich für bessere soziale Bedingungen in der Unterschicht ein. Dafür erhielt sie 1931 den Friedensnobelpreis.

Marshall Field gründete das gleichnamige Kaufhaus (heute „Macy's 2)

Im **Kulturbereich,** allem voran in Literatur und Musik, hat Chicago mehr zu bieten als die meisten anderen amerikanischen Großstädte. U. a. lebten die **wegweisenden Architekten** Louis Sullivan, Daniel Burnham und Frank Lloyd Wright in Chicago. Die **Musiker** Benny Goodman (1909–1986), Curtis Mayfield (1942–1999) und Quincy Jones (*1933) wurden hier geboren und viele berühmte Bluesmusiker aus dem Süden lebten hier. Unter den zahlreichen **Schriftstellern** ragt ein Name heraus: Ernest Hemingway (1899–1947). Er kam im Vorort Oak Park zur Welt und „floh" als 19-Jähriger nach Kansas City. Auch **Walt Disney,** am 5. Dezember 1901 hier geboren, kehrte der Stadt früh den Rücken.

Um beim Film- und Showgeschäft zu bleiben: **Oprah Winfrey** (*1954), die afroamerikanische Talkshow-Queen, lebte seit 1984 viele Jahre in der Stadt. Schauspieler **Harrison Ford** (*1942) ist ebenso ein „Einheimischer" wie es der Playboy-Herausgeber **Hugh Hefner** (1926–2017) war, der in Chicago 1953 erstmals sein Magazin herausbrachte.

Ein großer Name in der Sportszene ist **Michael Jordan** (*1963). Zwar wurde der ehemalige Basketballstar weder hier geboren (Brooklyn/NY), noch ist er hier aufgewachsen (Wilmington/NC), doch zwischen 1984 und 1998 trug er dazu bei, dass das Basketballteam Chicago Bulls sechsmal NBA-Meister (1991, 1992, 1993, 1996, 1997 und 1998) und er selbst zum Idol der Stadt und der Basketballwelt wurde.

Der Wrigley-Kaugummi (s. S. 37) geht auf eine Idee von **William Wrigley** (1861–1932) zurück. 1911 gründete er die W. Wrigley Jr. Company, die mit „Wrigley's Spearmint Chewing Gum" und „Juicy Fruit" weltberühmt wurde. Ein ebenso erfolgreicher Geschäftsmann war **Aaron Montgomery Ward:** Er gab 1872 den ersten Versandhauskatalog der Welt heraus, der 1904 bereits fast zwei Kilo wog und an drei Millionen Kunden verschickt wurde. Ward war auch politisch aktiv: Er setzte sich erfolgreich – 1911 sogar vor Gericht – gegen die Bebauung der Lakefront ein und bewirkte die Umfunktionierung wertvollen Baulandes in öffentlichen Grund. Ohne ihn gäbe es den unbebauten Grünstreifen entlang dem Seeufer heute wohl nicht.

Zwei bekannte Frauen aus Chicago sind **Hillary Rodham Clinton** (*1947) und **Bertha Honoré Palmer** (1849–1918). Letztere war die Frau von Potter Palmer, einem Geschäftsmann und Hotelier. Sie legte mit ihrer Kunstsammlung (v. a. Impressionisten) die Basis für das Art Institute. Und *last but not least* verbrachte auch **Barack Obama** (*1961 auf Hawaii), der erste afroamerikanische US-Präsident (2009–2017), vor seiner Wahl viel Zeit in Chicago, lebte lange in Hyde Park und erhält derzeit im Jackson Park sein Presidential Center.

Geburtsstätte moderner Architektur

Chicago ist als **„Geburtsort der modernen Architektur"** untrennbar mit drei Namen verbunden: **Louis Henri Sullivan, Ludwig Mies van der Rohe** und **Frank Lloyd Wright.** Skurrilerweise hatte es einer Katastrophe bedurft, um die Entwicklung in Gang zu bringen: Nach dem verheerenden **Brand im Jahr 1871** lag ein Drittel der Stadt – rund 17.000 Gebäude – in Schutt und Asche. Gesegnet mit dem typisch amerikanischen Pioniergeist, krempelte man die Ärmel hoch und ließ Chicago wie ein Phönix aus der Asche wieder auferstehen.

Beim Wiederaufbau wurde deutlich, wie begrenzt der Raum in der Innenstadt, dem Loop, war und dass man zwangsläufig in die Höhe bauen musste. Dazu bedurfte es zweier maßgeblicher Erfindungen: Zum einen war es der 1852 von Elisha Graves Otis, einem Mechaniker aus New York, erfundene dampfbetriebene **Fahrstuhl,** zum anderen die Anwendung von **Stahlskeletten** im Hochhausbau. William Le Baron Jenney ließ 1886 das **erste Hochhaus in Chicago,** das neunstöckige Home Insurance Building, errichten.

In den Jahren des Baubooms bildete sich die **Chicago School of Architecture** heraus, ein loser Zusammenschluss lokaler Architekten, deren Innovationsgeist bis um die Wende vom 19. zum 20. Jh. das Stadtbild nachhaltig prägte. Vordenker dieser Gruppe war eben jener William Le Baron Jenney, spiritueller Mentor und „Vollender" Louis H. Sullivan. Er brachte das Motto „form follows function" („die Form folgt der Funktion") auf. Daneben revolutionierten Baumeister wie Daniel

Frank Lloyd Wright – Genie und Lebemann

Unter Kritikern galt Frank Lloyd Wright (1867–1959) als „Weiberheld" und „Lebemann", Kunstkenner schätzen ihn als genialen Architekten und Begründer des ersten eigenständigen amerikanischen Architekturstils, des „Prairie Style". Um die Jahrhundertwende war er seiner Zeit meilenweit voraus, baute modern, als andere noch auf historische Zitate zurückgriffen. Wright ist untrennbar mit Chicago verbunden, prägte er doch von 1889 bis 1909 die Architektur der Stadt mit – nicht nur als Baumeister, sondern als gestalterisches Universalgenie.

Am 8. Juni 1867 als Sohn eines wandernden Baptistenpfarrers in Richland Center (Wisconsin) geboren, kam er 1887 nach Chicago und arbeitete als Architekturzeichner, ein Jahr später trat Wright in das renommierte Büro von Louis Sullivan und Dankmar Adler ein. 1893 machte er sich mit eigenem Büro in Oak Park selbstständig. 1909 verließ Wright Frau und Kinder, um in Begleitung seiner Geliebten, Margaret (Mamah) Borthwick Cheney, nach Berlin zu gehen. Dort stellte er seine Arbeiten aus und machte sie in einem Sammelband, dem „Wasmuth" Portfolio, weltweit bekannt. Fast zwei Jahre blieb er in Europa und beeinflusste die dortige Architekturszene.

Zusammen mit Cheney lebte Wright ab 1912 bei Spring Green/Wisconsin in einer Villa namens „Taliesin". 1914 fielen seine Lebensgefährtin, andere Angehörige und Bedienstete einem brutalen Überfall zum Opfer und Taliesin ging in Flammen auf. Wright war am Boden zerstört und begann mit dem Wiederaufbau, bis Geldnot ihn zwang, einen gut bezahlten Auslandsauftrag anzunehmen: Von 1915 bis 1921 baute er das Imperial Hotel in Tokio. Nach einer zweiten, kurzen und unglücklichen Ehe mit der Bildhauerin Miriam Noel heiratete Wright 1925 Olga „Olgivanna" Milanoff Hinzenberg.

Wright plante nach seiner Rückkehr aus Japan mehrere Häuser in Kalifornien, 1932 rief er das „Taliesin Fellowship" ins Leben, eine Architekturschule, die 30 Studenten besuchen durften und die bis heute besteht. Von 1934 bis 1939 entstand sein wohl bedeutendstes Bauwerk, „Fallingwater" – ein Wohnhaus auf einem Felsen direkt über einem Wasserfall bei Bear Run in Pennsylvania. Gleichzeitig baute er in Scottsdale (Arizona) für seine Architekturschule einen Wintersitz namens „Taliesin West" – ein Experimentierfeld, das ihm Ruhm und neue Aufträge einbrachte.

Die 1940er- und 1950er-Jahre waren die produktivsten Schaffensjahre Wrights: Über 250 Privathäuser und zahlreiche öffentliche Bauten entstanden, darunter sein berühmtestes Werk: das erst nach seinem Tod im Jahr 1959 eröffnete Guggenheim Museum in New York. Als Frank L. Wright am 9. April 1959 im Alter von 92 Jahren in Arizona starb, hatte er über 800 Bauten geplant und dazu in unzähligen Artikeln und Büchern seine Thesen zu organischer Baukunst, „demokratischer Architektur" und der sozialen Rolle des Städtebaus dargelegt.

› **Buchtipps:** Margo Stipes „Frank Lloyd Wright. Sein Leben erzählt in Briefen, Plänen, Dokumenten" (Callwey Verlag 2009) ist ein ungewöhnlich aufgemachtes Buch. Ein Klassiker ist „The Architecture of Frank Lloyd Wright: A Complete Catalog" (2002) von William Allin Storrer.

Burnham, John Wellborn Root, William Holabird oder Martin Roche das Stadtbild.

Eine wichtige Rolle in Chicagos baulicher Entwicklung spielte die **World's Columbian Exposition** 1893. Die Leitung des Bauvorhabens oblag dem Büro Burnham & Root. Burnham entwarf jedoch nicht nur die „White City" für die Messe, er sah auch die Probleme der boomenden Millionenstadt Chicago voraus und legte 1909 einen **visionären Stadtplan** vor, der dem steigenden Bedarf an Verkehrswegen und Wohnungen sowie Grünflächen Rechnung trug.

Als Meilensteine der Chicago-School-Architektur im Loop gilt zum Beispiel das **Manhattan Building** (431 S Dearborn St.), 1889–1891 nach Plänen von William Le Baron Jenney in Skelettbauweise mit 16 Stockwerken erbaut. Das **Reliance Building/Hotel Burnham** von 1895 (1 W Washington/32 N State St.) stammt von Burnham & Root und dieses Büro verantwortet auch das 1889 bis 1891 erbaute **Monadnock Building** (53 W Jackson Blvd.), 1893 im Süden von Holabird & Roche erweitert. Ebenfalls vom Reißbrett von Burnham & Co. stammt das **Fisher Building** (403 S State St., 1895–96), während das **Carson Pirie Scott Building** (1 S State St.) 1899 bis 1903 nach Plänen von Sullivan als Kaufhaus erbaut und 1906 von Burnham erweitert wurde. Das **Marquette Building** (140 S Dearborn/Adams St., 1893/9) wurde von Holabird geplant, aus dessen Büro Holabird & Roche auch ein spätes Beispiel der Chicago School (1909/10) stammt: das **Brooks Building** (223 W Jackson St.). Weniger bekannt in Chicago war Edmund R. Krause, der zusammen mit den Rapp Brothers 1905 das **Majestic Building** (22 W Monroe St.) entwarf.

Nach dem Ersten Weltkrieg setzte erneut ein Bauboom ein, dem erst der Börsenkrach 1929 und die Weltwirtschaftskrise ein Ende setzten. Während der Blütezeit waren die Vorstädte weiter gewachsen, der Straßenverkehr hatte zugenommen, Wolkenkratzer waren wie Pilze aus dem Boden geschossen. Am 16. April 1923 trat in Chicago – wie bereits 1916 in New York – ein **Baugesetz** in Kraft, das Bauen in die Höhe einschränkte.

In den 1920er-Jahren experimentierte man noch mit verschiedenen Stilen, wie das **Wrigley Building** 24 oder der **Chicago Tribune Tower** 25 deutlich zeigen, doch gleichzeitig gewann der **Art-déco-Stil** als Alternative zur konservativen Beaux-Arts-Kunst und zum Klassizismus der Akademien an Bedeutung. Das **Carbide & Carbon Building** (230 N Michigan Ave.) erinnert mit seiner Art-déco-Fassade aus dunkelgrünem Granit an eine überdimensionale Champagnerflasche. Es wurde 1929 von den Burnham Brothers, den Söhnen von Daniel Burnham, erbaut und fungiert heute als Pendry Hotel.

Zur etwa gleichen Zeit ebneten in Europa Architekten wie Le Corbusier, Peter Behrens, Walter Gropius, Erich Mendelsohn oder Ludwig Mies van der Rohe bereits mit dem **Bauhaus** neue Wege. Die europäische Avantgarde erwies sich als Wegbereiter und der Amerikaner **Richard Neutra** (1892–1970) wurde zum Bindeglied zwischen Europa und den USA.

Das 1932 im Zusammenhang mit der Ausstellung „Modern Architecture" im New Yorker MoMA erschienene **Manifest „The International Style"** (Philip C. Johnson, Henry-Russell Hitchcock) beeinflusste die Architektur und bewirkte, dass erstmals ein eigenständiger amerikanischer Stil seinen Siegeszug antrat. Johnson propagierte die Funktion, die Nützlichkeit der Architektur und minimalistische und funktionalistische Tendenzen.

Das Architekturbüro **SOM** (Skidmore, Owings und Merrill), Eero Saarinen und Le Corbusier sowie Gropius trugen maßgeblich zur Verbreitung des neuen Stils bei. „Weniger ist mehr", lautete auch die Devise von **Mies van der Rohe**, der 1938 in die USA immigrierte und zum Direktor der Architekturfakultät des Illinois Institute of Technology (IIT) ernannt wurde. Er griff die große Tradition der Chicago School of Architecture auf und sorgte in den 1950er-Jahren für einen zweiten architektonischen Höhenflug. Das prominente **IBM Building** (330 N Wabash) war 1971 einer seiner letzten Bauten. Ein anderer **wegweisender Bau der Moderne** ist die 1964 von Bertrand Goldberg geschaffene **Marina City**, zwei maiskolbenartige Türme am Nordufer des Chicago River.

Da mit reiner Skelettbauweise selten mehr als 30 Geschosse realisierbar waren, bedeutete es einen großen Schritt vorwärts, als Fazlur Khan von SOM erstmals Bauten in **Rohrbauweise** (in Stahlbeton) plante. Die Verfestigung der Wandrahmen durch kreuzförmige Verstrebungen an der Außenhaut und damit geringere Windempfindlichkeit waren wichtige Neuerungen und wurden beim **Hancock Center** 28 (1969) erprobt und beim **Willis** (Sears) **Tower** 9 (1968–1974) perfektioniert.

Eng mit dem Namen des deutschstämmigen **Helmut Jahn** ist der Begriff der **Postmoderne** verbunden, eine Stilrichtung, die in Chicago ihren Anfang nahm und sich wieder stärker der Ästhetik, dem Ornament und althergebrachten Traditionen zuwandte – im Gegensatz zum modern-funktionalen Bauen zuvor. Schon 1972 hatte Robert Venturi mit „Learning

Blick in den von Frank L. Wright geplanten Innenhof der Rookery 8

from Las Vegas“, dem **Gründungsmanifest der postmodernen Architektur**, diese Gegenbewegung initiiert. Jahn manifestierte mit dem **State of Illinois Center** (James R. Thompson Center 5, 1986) mit 17-stöckigem Atrium und farbigen Fassaden die Abwendung vom Minimalismus hin zur Postmoderne. Es ist momentan aufgrund von Renovierungsarbeiten des neuen Besitzers Google geschlossen. Auch der Bau **190 South LaSalle Street** von 1987 aus dem Büro Johnson/Burgee Architects zeigt deutlich postmoderne Elemente.

Die Postmoderne wurde bald von einer anderen Strömung, der sog. **Nach- oder Spätmoderne,** ein-, aber nicht überholt. Architekten wie Frank O. Gehry, Peter Eisenman und Daniel Libeskind, Coop Himmelb(l)au, Zaha Hadid, Bernard Tschumi oder der Niederländer Rem Kohlhaas rücken die **Zeichenhaftigkeit der Architektur** stärker in den Vordergrund, verwenden Falten, Krümmungen und Wellen. Frank Gehrys **Pritzker Pavilion** im Millennium Park 16 (2004) ist ein Beispiel für Chicagos ersten großen **Schritt ins 21. Jh.** 2007 folgte das **Spertus Institute** (Krueck & Sexton Architects) und 2009 die Expansion des **Art Institute** 17 (Modern Wing) von Renzo Piano. Der **Trump Tower** von SOM (N Wabash Ave./Chicago River) reiht sich mit seinen 415 m Höhe seit 2009 spektakulär in Chicagos Skyline ein und 2010 sorgte der **Aqua Tower** (430 E Waterside Dr./Lakeshore East) als erster von einer Frau (Jeanne Gang) entworfener Wolkenkratzer in Chicago für Schlagzeilen. Von ihr stammt auch **St. Regis Chicago** (vorher: Vista Tower), ein dreiteiliger, schwungvoller Turm mit kristalliner Struktur (der dritthöchste in Chicago), nicht weit entfernt am Flussufer. **One Grant Park** (1210 S Indiana) entstand nach Plänen des Architekten Rafael Viñoly – ein 76-stöckiges Wolkenkratzer-Duo, das an den Willis (Sears) Tower erinnert. **1000 South Michigan** („1000M“) von Helmut Jahn wird im Frühjahr 2024 als neuer, prägnanter Teil der Michigan Ave. Streetwall eröffnet, mit Rooftop Observation Deck, nicht weit entfernt vom ebenfalls neuen Ensemble des Meridien Essex Hotels (800 S Michigan Ave.). In Streeterville sehenswert ist **465 North Park,** ein Wolkenkratzer mit Luxusapartments (www.465northpark.com).

Der **Wacker Drive** präsentiert sich seit Langem als „Katalog der modernen Architektur" (s. S. 19). Ein Areal, in dem in den letzten Jahren besonders aufsehenerregend gebaut wurde, ist **Wolf Point** an der Gabel des Chicago River. Hier entstanden gleich drei neue Türme, alle nach Masterplan von Pelli Clarke Pelli Architects.

020ch Abb.: mb

◁ *Marina City* 4 *– zwei „Maiskolben“ mit Parkhaus und Bootsanleger*

Höchster ist der **Wolf Point South Tower** (Sales Force Tower) mit 255 m. Gleich südlich davon erhebt sich **River Point** (früher: 200 North Riverside Plaza) 213 m hoch über den Gleisen der CTA Blue Line – das erklärt die Konstruktion der Basis mit elliptischem Bogen. Davor steht Santiago Calatravas rote, spiralförmige Skulptur **Constellation**, knapp 10 m hoch und breit. Beim Bau des **150 North Riverside Plaza** (2017) musste man sich ebenfalls mit einer kleinen Grundfläche arrangieren, weswegen der Bau von Goettsch Partners unten spitz zuläuft. Vom selben Architekturbüro (und ebenfalls mit LEED Gold ausgezeichnet) stammt der **110 N Wacker** (auch: Bank of America Tower) ein Stück weiter südlich am anderen Ufer. Da hier der Riverwalk im Weg war, wurde der Bau mit Bündelpfeilern, unter denen man hindurchgehen kann, versehen.

› Interessante **Architektur-Touren** bietet die Chicago Architecture Foundation: www.architecture.org/tours/#tours
› **Infos zu einzelnen Bauten:** www.architecture.org/learn/resources/buildings-of-chicago
› Zur Architektur am Wacker Drive s. S. 19

Busy Chicago

Chicago ist seit dem 19. Jh. nicht nur ein wichtiger **Eisenbahnknotenpunkt,** sondern zugleich seit dem Bau des Illinois and Michigan Canal im Jahr 1848 – er stellte die Verbindung zu Atlantik und Golf her – ein wichtiger **Hafen.** Der Siegeszug der Eisenbahn im späten 19. Jh. konnte die Binnenschifffahrt nie ernsthaft gefährden. Neben Duluth – einem wichtigen Umschlagplatz für Eisenerz –, Toledo, Detroit, Cleveland und Buffalo zählt Chicago noch heute zu den **wichtigen Binnenhäfen in den USA** bzw. an den Großen Seen.

In den späten 1850er-Jahren entwickelte sich Chicago zum **Zentrum der Fleischindustrie**, zu „Porkopolis". Unternehmer wie Gustavus F. Swift und Philip Armour riefen eine Fleisch verarbeitende Industrie ins Leben und riesige Viehherden aus dem „Wilden Westen" kamen ab 1865 per Eisenbahn in die Union Stock Yards, den „Meatpacking District" im Süden der Stadt, um dort geschlachtet, verwurstet und verpackt zu werden. Die Entwicklung neuer Kühltechniken ermöglichte ab dem späten 19. Jh. sogar eine ganzjährige Fleischverarbeitung. Obwohl die Arbeit gefährlich und schlecht bezahlt war, konnte dank der ansässigen bzw. angeworbenen Immigranten effiziente Fließbandarbeit eingeführt werden – eine Innovation, die sogar Leute wie den Automobilproduzenten Henry Ford beeindruckte. Die Fleischindustrie wurde zum ersten globalen Industriezweig in Chicago und obwohl in den 1960er-Jahren die Schlachthöfe verschwanden, spielt die Nahrungsmittelindustrie noch heute eine große Rolle.

Von jeher ist Chicago ein **Handelszentrum**, zudem Sitz einer der größten **Warenterminbörsen** der Welt und eine der führenden Wirtschaftsmetropolen. Noch heute wird ein Drittel aller Waren im US-Güterverkehr in Chicago umgeschlagen und Firmen wie McDonald's, Sears, Kraft Heinz, Crate & Barrel, Weber (Grill), United Airlines, Walgreens oder Grubhub sind hier zu Hause.

O'Hare („ORD") zählt mit 68 Mio. Passagieren (2022) zu den verkehrsreichsten Flughäfen der Welt, gemessen am Passagieraufkommen. In den USA nimmt er gegenwärtig Rang 4 nach Atlanta, Dallas und Denver ein.

We've got Blues ... and Jazz

„The City of Blues" – Chicago und der Blues sind unzertrennlich. Zwischen 1915 und 1970 waren über fünf Millionen Afroamerikaner auf dem **„Blues Highway"**, dem U.S. Hwy. 61, in die großen Städte im Norden gezogen, in die 1920er- und 1930er-Jahre fiel der erste Höhepunkt des Blues. Aufnahmestudios und Schallplattenfirmen entstanden und eines der ersten großen Labels hieß Bluebird, das in den 1930er-Jahren die besten Bluesplatten der Nation produzierte. Frühe Blueslegenden wie William Lee Conley „Big Bill" Broonzy, Memphis Slim, Big Maceo, Tampa Red, John Lee „Sonny Boy" Williamson oder Blind Lemon Jefferson standen hier unter Vertrag.

Allen „bluesmen" gemeinsam waren sozialkritische Texte, die die Situation in den Gettos beschrieben. Allerdings realisierten die Musiker aus dem Süden rasch, dass ihr gewohnter, langsamer, folkloristischer Sound, der „rustikale" Delta Blues, in der Großstadt Chicago wenig ankam. Man verstärkte daher die Instrumente, v. a. die Mundharmonikas, und setzte elektrische Slide Guitars und Pianos ein. Nach und nach entstand perfektionierter Electric Blues und so erreichte der **Chicago Blues** besonders nach dem Zweiten Weltkrieg erstmals ein Massenpublikum und erlebte in den 1950er-Jahren eine neuerliche Blüte. Es war die große Zeit der **South Side Blues Clubs** und dort begeisterte eine neue Generation von Bluesmusikern wie Howlin' Wolf, Elmore James, Muddy Waters oder Little Walter ihr urbanes, vorwiegend weißes Publikum. 1950 war mit Chess Records zudem der Hauptproduzent von „Urban Blues" entstanden, der u. a. Muddy Waters, Howlin' Wolf und John Lee Hooker unter Vertrag hatte.

In den 1960er-Jahren war der Blues „out" und **Soul**, **Funk** und **Rap** wurden in den Städten populär. Künstler wie Ray Charles, James Brown, Aretha Franklin oder Sam Cooke machten den **Soul** bekannt. Während in den frühen 1980er-Jahren die schwarze Musikszene in eine Krise geriet, sorgten

100ch Abb.: mb

Rap und **Hip-Hop** (z.B. Kanye West) für einen Neuanfang. In Chicago lebte der Blues jedoch stets im Untergrund fort und ist heute so lebendig wie eh und je. Wer einmal das Blues Festival (s.S.83) miterlebt hat, weiß, dass in dieser Stadt **der Blues nicht unterzukriegen** ist, wie Lurrie Bell (*1958, anfangs mit Koko Taylor's Blues Machine) oder Buddy Guy (*1936), der als „Chicago's Blues King Today" gilt, belegen.

Der **Jazz** feierte wie der Blues seine große Zeit in den 1920er- und 1930er-Jahren. Angeblich hatte sich eine Gruppe von weißen Studenten der Austin High School 1922 zu einer Band zusammengeschlossen und den **Chicago Style Jazz** aus der Wiege gehoben. Chicago hatte sich nach dem Ersten Weltkrieg zum Sammelpunkt für Jazzmusiker, vor allem aus New Orleans, entwickelt und von hier aus war die Musikrichtung weltweit berühmt geworden. Die South Side bzw. die State Street zwischen 31st und 39th Street war als **„The Stroll"** bekannt – ein Streifen, an dem sich ein Club an den anderen reihte. Häufig waren hier Musikgrößen wie Louis Armstrong, Jelly Roll Morton, Kid Ory, Fletcher Henderson und die Earl Hines Band mit Dizzy Gillespie, Charlie Parker oder Miles Davis zu hören. Auch Tanzmusik und Swing waren angesagt, dank Bandleadern wie Count Basie oder „Chicago's Boy", **Benny Goodman** (1909–1986). In der Tradition der Big Bands steht **„Chicago"**, jene Rockband, die seit den 1970er-Jahren mit ihren unverwechselbaren orchestralen Bläserarrangements das Publikum begeistert.

◁ *Interessante Musikausstellung im Chicago History Museum* ㉝

Klimatische Extreme

Klimatisch gilt Chicago als Stadt der Extreme. Eigentlich herrscht zwischen Lake Superior und Lake Michigan ein **gemäßigt-kontinentales Klima.** Abgesehen von der ausgleichend-wärmespeichernden Wirkung des Michigan-Sees übt auch die Prärie im Hinterland Einfluss auf das Stadtklima aus. Da es keine Erhebungen gibt, pfeift der Wind, genannt „The Hawk", ungehindert durch die Straßen der Stadt und bringt je nach Wetterlage kalte oder schwüle Luft aus den Weiten der Prärie mit.

Chicago liegt zwar auf dem gleichen Breitengrad – zwischen 41. und 42. – wie Teile Südeuropas, aber da die Luftmassen in Nord-Süd-Richtung nicht durch Berge gebremst werden, sind polare **Winterstürme** ebenso möglich wie das Vordringen heißer und feuchter Luftmassen aus dem Süden.

Arktische Kaltluft aus Kanada bringt im Winter und Frühling Phasen strengsten Frosts und zudem Schneestürme (Blizzards) oder auch Eisregen. Im Sommer dominieren warm-feuchte Luftmassen vom Golf mit **Schwüle** und Temperaturen von manchmal über 30 °C sowie fast tropischer Luftfeuchtigkeit. Dann kann es auch **Tornados** geben.

„Going Green"

„Going Green" ist zum Schlagwort in vielen amerikanischen Städten geworden, besonders konsequent umgesetzt wurde es jedoch in Chicago. **LEED-Zertifizierungen** für umweltbewusstes Bauen, der Ausbau von öffentlichen Grünflächen und Fahrradwegenetzen, begrünte Dächer zur Energieeinsparung und der öffent-

101ch Abb.: mb

liche Nahverkehr standen und stehen im Zentrum des Interesses. Initiiert durch Ex-Bürgermeister Daley hat sich Chicago einen Platz unter den **„grünsten" Städten Nordamerikas** erobert.

Neu- und Umbauten, die sich umweltschonenden und energiesparenden Regeln unterwerfen, werden in Chicago besonders gefördert. Die Stadt selbst geht mit gutem Beispiel voran und plant, in Zukunft 30 % der für öffentliche Bauten benötigten **Energie aus erneuerbaren Quellen** zu gewinnen. Inzwischen wurden deshalb zahlreiche öffentliche Gebäude – auch Museen – mit Solaranlagen ausgestattet. Auch die Windenergie soll, besonders im privaten Wohnbereich, fortan eine größere Rolle spielen. In den letzten Jahren sind zudem vermehrt **„green roofs"** angelegt worden, begrünte Dächer, die das Sammeln von Regenwasser (z. B. für die Toilettenspülung) ermöglichen und zur Verbesserung des Raumklimas, verbunden mit Energieersparnis, beitragen – eins sogar auf dem Rathaus.

Besonderes Gewicht kommt neben dem „grünen" Bauen und Wasser- und Energieeinsparmaßnahmen dem **öffentlichen Nahverkehr** zu. Die Hoch-/U-Bahn wird ebenso fleißig genutzt wie das S-Bahn-System Metra.

Bereits seit Jahren – lange vor New York – macht Chicago als **Fahrradstadt** von sich reden und der Ausbau des Radnetzes schreitet kontinuierlich voran. Das **McDonald's Cycle Center/MCC** (s. S. 117) im Millennium Park 16 mit Umkleiden, Duschen und Schließfächern, Fahrradbahnhof, Reparaturwerkstatt und Verleihstation sowie Tourangebot ist in ihrer Art einzigartig. Von hier aus hat man z. B. Zugang zu den gut 30 km an Radwegen entlang dem Ufer des Lake Michigan. **Divvy Bikes** heißt das in Chicago verbreitete Verleihsystem (https://divvybikes.com).

Nach dem Riverwalk (www.chicago.gov/city/en/sites/chicagoriverwalk/home.html), der in drei Phasen bis 2016 entstand, und „The 606" 42 heißt das neueste Ökoprojekt **Wild Mile Chicago.** Dieser schwimmende Naturpark nahe Goose Island soll noch weiter ausgebaut werden. Bis 2026 fertig werden soll außerdem der **DuSable Park** nahe des Navy Pier (www.dusableheritage.com/activities).

„Green roofs" wie das des John G. Shedd Aquariums 20 dienen der Energieeinsparung und machen die Stadt grüner

PRAKTISCHE REISETIPPS

064ch Abb.: mb

An- und Rückreise

Flugverbindungen

Der **Chicago O'Hare Airport (ORD)** ist einer der größten Flughäfen der Welt und dazu der Heimatflughafen von **United Airlines** (www.unitedairli nes.de). UA bietet von Deutschland aus drei **Direktflüge** (2x Frankfurt, 1x München), die kooperierende **Lufthansa** bedient Chicago von Frankfurt und München. Außerdem fliegen **Swiss** und **UA** von Zürich sowie **Austrian** von Wien nonstop. Daneben gibt es eine Reihe von **Umsteigeverbindungen** über europäische und amerikanische Ostküstenstädte.

Die reine **Flugzeit** nach Chicago beträgt zwischen 9 und 10 Stunden, bei 7 Stunden **Zeitverschiebung.** Die **Flugpreise nach Chicago** hängen von vielerlei Faktoren wie Veranstalter, Fluggesellschaft, Routenführung, Abflughafen, Länge der Vorausbuchung, Jahreszeit beziehungsweise Wochentag und Buchungsklasse ab. Sie können in der Hauptsaison durchaus auf über 1000 € steigen, in der Nebensaison sind aber manchmal auch Schnäppchen um die 650 € möglich. Am teuersten ist es in der Hauptsaison (Memorial bis Labor Day), besonders während der Sommerferien im Juli und August und um Feiertage. Speziell für diese Zeiten ist eine frühzeitige Buchung empfehlenswert.

Zur ersten Orientierung sind die Websites von Brokern hilfreich. **Sondertarife** werden, vor allem in der Nebensaison, oft auch von den Fluggesellschaften direkt angeboten, allerdings unterschiedlich in Kontingentierung und Bedingungen. Man findet sie häufig auf den Internetseiten der Fluggesellschaften.

Ankunft in Chicago

Chicago hat **zwei Flughäfen:** O'Hare (ORD) und Midway International Airport (MDW), wobei von Europa aus nur O'Hare angeflogen wird. Der **O'Hare International Airport (ORD)** liegt im Nordwesten des Stadtzentrums (I-190) und gilt, was das Passagieraufkommen angeht, als einer der größten Flughäfen der Welt. Es gibt **vier Terminals,** die durch eine Magnetbahn (Airport Transit System) miteinander verbunden sind: Terminal 1, 2 (United Airlines), 3 und der International Terminal 5 (u.a. Air France, BA, KLM, LH-Ankünfte, SAS, Swiss).

Im zentral gelegenen **Car Rental Center** (Lower Level Baggage Claim Area aller Terminals) befinden sich die Schalter der Mietwagenfirmen. Von dort geht es per Shuttlebus zu den Großparkplätzen.

Airport-Infostellen gibt es in jedem Terminal, **Travelers Aid,** eine Anlaufstelle für Reisende in Notlagen (www.travelersaid.org, Tel. 773 8942427) befindet sich in Terminal 2.

› **Infos:** Chicago O'Hare, www.flychicago.com/ohare

Der **Midway International Airport (MDW)** liegt stadtnäher (16 km bzw. ca. 30 Min. per Bahn) und wird v.a. von **Inlandslinien** bedient. Es gibt **drei Terminals:** Concourse A, B und C. Ein **Airport-Infostand** befindet sich bei der Gepäckausgabe nahe Door 3 LL und auch die Bus-/Taxi-Haltestelle ist in der Nähe.

› www.flychicago.com/midway, www.chicago-mdw.com

Vorseite: Fortbewegungsmittel Nr. 1 – die „L", Chicagos Hochbahn

Vom Flughafen in die Stadt

Beide Flughäfen sind mit der **Hochbahn** hervorragend an die Innenstadt angebunden, doch es stehen auch Shuttlebusse, Limousinenservices und Taxis zur Verfügung (Infos: www.flychicago.com).

Im **O'Hare International Airport** befindet sich der Bahnhof der **CTA Blue Line** auf der untersten Ebene des Parkhauses (Main Parking Garage, Lower Level, ausgeschildert mit „Trains to city"). Er ist über Fußgängerpassagen von Terminal 1 und 3 erreichbar. Vom International Terminal 5 nimmt man nach Abholung des Gepäcks zunächst die Magnetbahn (Airport Transit System), die alle Terminals verbindet, bis zum Terminal 3. An Automaten am Bahnhof gibt es Einzeltickets bzw. Tages- oder Mehrtageskarten. Die Fahrt in die Stadt dauert rund 40 Min.

Verfügbare Limousinen-Services sind z. B. **GO Airport Express** (https://airportexpress.com) oder **Global Allure Sedan** (Tel. 708 2658592, www.allurecanada.com). Fahrdienste wie **Uber** oder **Lyft** warten am Upper Level zwischen Tür 2A und 2E. **Taxistände** befinden sich auf dem Lower Level, außerhalb der Gepäckausgabe, an jedem Terminal. Ein Taxi kostet je nach Verkehr um die $ 40–50.

Die Fahrt vom **Midway International Airport** ins Zentrum erfolgt mit der **CTA Orange Line** (ausgeschildert). Zunächst geht es per Shuttlebus zum Terminal Building, von dort via Fußgängerbrücke zur Hochbahn. Sie fährt von 5 bis 24 Uhr ca. alle 10 Min. Alternativ verkehren **Taxis** oder **Fahrdienste** in die Stadt.

102ch Abb.: mb

⌃ *Im Landeanflug auf O'Hare*

Autofahren

Ständige **Staus** auf Einfallstraßen und im Stadtzentrum, **Einbahnstraßen**, akuter **Parkplatzmangel** und **hohe Benzinpreise** und **Parkgebühren** sind Gründe, in der Stadt besser **auf ein Auto zu verzichten**, zumal das öffentliche Verkehrssystem gut ausgebaut und preiswert ist. Wer das Umland per Mietwagen erkunden möchte, sollte diesen erst am Tag der Abfahrt abholen bzw. bei Ankunft wieder abgeben. Sobald man den Großraum Chicago verlässt, wird es ruhiger und das Fahren macht wieder Spaß.

Im Loop liegen die **Parkgebühren** in Parkhäusern bei $ 20–30 pro Stunde, in Hotels werden bis zu $ 80 pro Nacht verlangt. Eine gute **Übersicht**

über Parkmöglichkeiten und Preise gibt http://chicago.bestparking.com. Im Bereich südlich des Loop (State St.–Michigan Ave. und Harrison–van Buren St.) findet man etwas günstigere Parkplätze im Freien.

Falschparken kommt teuer. Es darf niemals in der Nähe von Hydranten oder in Tow Away- bzw. No Parking-Zonen geparkt werden. Auf den Straßen stehen entweder *meters* (Parkuhren) oder es gibt **farbige Randsteinmarkierungen:** Rot (Halteverbot), Gelb/Gelb-schwarz (Lieferzone, bei Gelb ist Parken nach 18 Uhr erlaubt), Blau (Behindertenparkplätze), Grün (10 Min. Parken), Weiß (Ein-/Aussteigen oder Beladen erlaubt).

Kein pures Vergnügen: Autofahren in Chicago

103ch Abb.: mb

Barrierefreies Reisen

Die USA sind ein gutes Reiseland für Menschen mit Behinderung **(handicapped people)**. Gehwegabsenkungen, Behindertenparkplätze, Fahrstühle, behindertengerechte Hotelzimmer und Barrierefreiheit von Nahverkehrsmitteln sowie behindertengerechte Zugänge zu Museen und anderen Sehenswürdigkeiten sind in Chicago fast überall vorhanden.

- **„Easy Access Chicago"** (Tel. 773 3888839) gibt eine Broschüre mit Informationen aller Art heraus. Sie kann auch unter https://easyaccesschicago.org heruntergeladen werden.
- Das **Tourismusamt** hat Infos zur Zugänglichkeit verschiedener Parks, Museen und Einrichtungen in der Stadt zusammengestellt: www.choosechicago.com/accessibility-in-chicago/getting-around-chicago.
- Infos zur Nutzung des **öffentlichen Nahverkehrs:** www.transitchicago.com/accessibility

Diplomatische Vertretungen

Vor Ort in Chicago helfen einem im Notfall die folgenden Konsulate weiter:

- **186** [D3] **German Consulate General,** 676 N Michigan Ave., Suite 3200, Tel. 312 2020480, www.germany.info/us-en/embassy-consulates/generalkonsulat3, Mo.–Do. 9–12 und 13–15, Fr. 9–12 Uhr
- **187 Consulate General of Switzerland,** 875 N Michigan Ave., Tel. 312 9448290, www.eda.admin.ch/chicago
- **188** [C5] **Österreichisches Honorarkonsulat,** 203 N La Salle St., Suite 2500, Tel. 312 7523000

Ein- und Ausreise-bestimmungen

Einreiseformalitäten

Dank des **Visa Waiver Program** (VWP) ist ein Visum für Staatsbürger von Teilnehmerländern wie Deutschland, Österreich und Schweiz bei einem Aufenthalt von maximal 90 Tagen und bei Vorlage eines Rückflugtickets nicht nötig. Besucher müssen im Besitz eines maschinenlesbaren Reisepasses sein, der mindestens noch die gesamte Aufenthaltsdauer lang gültig ist.

Auch Kinder benötigen einen eigenen Pass. Reisen **Kinder** nur mit einem Elternteil, kann sowohl bei der Ausreise aus Deutschland als auch bei der Einreise in die USA eine Einverständniserklärung des anderen Elternteils erforderlich sein. Infos erhält man beim zuständigen Konsulat bzw. der Botschaft.

Alle Bürger, auch Kinder, die ohne Visum einreisen, müssen sich spätestens 72 Stunden vor Abflug online registrieren lassen (Electronic System for Travel Authorization – **ESTA**). Dieser Registrierungsvorgang kostet einmalig den aktuellen Gegenwert von $21 und wer einmal registriert ist, kann innerhalb von zwei Jahren mehrfach einreisen, sofern der Pass gültig ist. Die Registrierung erfolgt im Reisebüro oder im Internet auf folgender Website:

- https://de.usembassy.gov/de/esta
- https://esta.cbp.dhs.gov

Erfragt werden Name, Geburtsdatum, Adresse, Nationalität, Geschlecht, Passdetails, erstes Hotel, Zweck und Dauer der Reise etc.

Außerdem benötigen die Fluggesellschaften im Rahmen von **Secure Flight** 72 Stunden vor Abflug alle maßgeblichen Passagierdaten zur Weiterleitung an die TSA (Transportation Security Administration): voller Name laut Reisepass, Geburtsdatum, Geschlecht. Normalerweise werden diese Angaben bereits bei Flugbuchung gemacht. Die erste Adresse in den USA inklusive Postleitzahl(!) wird beim Check-in erfragt.

Wer länger als 90 Tage im Land bleiben möchte – zum Beispiel zum Studieren oder Arbeiten – oder aber Staatsbürger eines Landes ist, das nicht am VWP teilnimmt, muss sich ein **Visum** beschaffen. Ebenfalls nicht mehr visumsfrei einreisen dürfen Personen, die seit dem 12. Januar 2021 nach Kuba oder seit dem 1. März 2011 in den Irak, den Sudan, den Iran, nach Syrien, Libyen, Somalia, Nordkorea oder in den Jemen gereist sind oder die entsprechende doppelte Staatsangehörigkeit besitzen. Informationen dazu gibt es unter:

- www. cbp.gov/travel/international-visitors/visa-waiver-program
- www.cbp.gov/travel/international-visitors/frequently-asked-questions-about-visa-waiver-program-vwp-and-electronic-system-travel
- https://travel.state.gov

Einreisekontrolle

Am **Immigration Counter** des ersten Flughafens in den USA wird der Pass gescannt und es werden evtl. Fragen zu Reiseroute, Zweck der Reise, Reisebudget, Beruf, Bekannten oder Freunden in USA gestellt. Es werden elektronisch Fingerabdrücke genommen und es wird ein Foto gemacht, ehe es den Stempel mit einer auf normalerweise drei Monate festgelegten Aufenthaltsdauer in den Pass gibt.

Am O'Hare gibt es die sog. **Automated Passport Control (APC).** Besucher mit ESTA-Registrierung (s. S. 107), die schon einmal mit dem ESTA und dem entsprechenden Reisepass eingereist sind, können diese Geräte benutzen und beschleunigen damit die Prozedur.

- www.cbp.gov/travel/us-citizens/apc
- **Infos zu den aktuellen Einreisebestimmungen** finden sich unter www.cbp.gov/travel/international-visitors (U.S. Customs & Border Protection).

Zoll

Wer im **ESTA** registriert ist und an einem Flughafen mit **APC** (s. oben) einreist, muss kein Zollformular mehr ausfüllen.

Eine **Devisenbeschränkung** gibt es nicht, lediglich Summen über $ 10.000 müssen deklariert werden. Nähere Informationen liefern die lokalen Zollämter bzw. folgende Websites:

- **Deutschland:** www.zoll.de („Privatpersonen/Reise")
- **Österreich:** www.bmf.gv.at/themen/zoll/reise.html
- **Schweiz:** www.ezv.admin.ch („Information Private")

Zollfrei kann man die folgenden Waren in die **USA** einführen:

- 1 l Alkohol bzw. 200 Zigaretten oder 100 Zigarren (keine kubanischen)
- Geschenke im Wert bis $ 100
- Verboten ist die Einfuhr tierischer und pflanzlicher Frischprodukte und Lebensmittel sowie von Samen und Pflanzen, außerdem von Klappmessern u. a. gefährlichen Objekten. Bei Medikamenten in größeren Mengen empfiehlt es sich, ein ärztliches Attest mitzuführen, da die Einfuhr von Rauschmitteln untersagt ist.
- **Weitere Details** finden sich unter: www.cbp.gov/travel/international-visitors

Bei der **Rückreise nach Europa** gelten folgende Bestimmungen:

- Tabakwaren (über 17-Jährige in EU-Länder und die Schweiz): 200 Zigaretten oder 100 Zigarillos oder 50 Zigarren oder 250 g Tabak
- Alkohol (über 17-Jährige in EU-Länder): 1 l über 22 Vol.-% oder 2 l bis 22 Vol.-% und zusätzlich 4 l nicht-schäumende Weine; in die Schweiz: 2 l (bis 15 Vol.-%) und 1 l (über 15 Vol.-%)
- Andere Waren für den persönlichen Gebrauch (über 15-Jährige): bis zum Wert von 430 €. In die Schweiz dürfen andere Waren bis CHF 300 eingeführt werden.

Elektrizität

In den USA gibt es Wechselstrom von **110/120 V**, daher müssen mitgebrachte Geräte wie Föhn oder Rasierapparat umstellbar sein. Wegen der anderen Steckdosenform ist außerdem ein **Adapter** nötig, den man am besten von zu Hause mitbringt bzw. in einem Flughafenshop oder Elektronikgeschäft vor Ort kauft.

Geldfragen

Kredit- und Debitkarten

An Kreditkarten **(credit card)** sind Mastercard und Visa die gebräuchlichsten. Selbst Kleinstbeträge werden damit bezahlt und eine Kreditkarte ist nötig, um eine Kaution (zum Beispiel für den Mietwagen) zu hinterlegen beziehungsweise eine Hotelbuchung zu garantieren. Bei Bezahlung mit Kreditkarte wird in Läden oder Restaurants (wie am Automaten) die Eingabe einer PIN-Nummer verlangt. Für das bargeldlose Zahlen werden ca. 1 bis 2 % des Betrags für den Auslandseinsatz berechnet, Bargeld am Automaten (ATM, Automatic Teller Machine) zu ziehen, kostet je nach Bank und Karte eine unterschiedlich hohe Gebühr von ca. $ 3–7, die vor Abschluss der Transaktion angezeigt wird.

Debitkarten (Girocard) sind für den Einsatz im außereuropäischen Ausland oft gesperrt, dazu ist der Verfügungsrahmen meist eingeschränkt. Mit der Abschaffung der Maestro-Funktion im Sommer 2023 fällt deren weltweite Nutzungsmöglichkeit weg. Die von vielen deutschen Banken ausgegebenen VPAY-Karten sind an Bankautomaten in den USA nutzlos.

Die neuen **Visa-Debitkarten** sind ein Mittelding zwischen Giro- und Kreditkarte und werden weltweit anerkannt. Allerdings sollte man sich vorher nach den anfallenden Gebühren erkundigen.

Es empfiehlt sich, vor einer längeren Reise die **Hausbank** zu informieren, damit bei vermehrten und höheren Abhebungen die (Kredit-)Karte nicht wegen Betrugsverdachts gesperrt wird.

Beim Abheben von Bargeld in Landeswährung wird manchmal angeboten, dass die Abrechnung mit dem eigenen Konto in Euro erfolgen kann. Das Verfahren ist als **Dynamic Currency Conversion (DCC)** bekannt. Wählt man diese Option, die ja siche-

Wechselkurse

(Stand Anfang 2024)

$ 1	0,92 €/0,87 SFr
1 €	$ 1,09
1 SFr	$ 1,15

Chicago preiswert

Der **Chicago CityPASS** (s. S. 60) gewährt Ersparnisse und freien Eintritt in fünf Attraktionen.

Für den öffentlichen Nahverkehr lohnen sich **CTA-/Ventra-Cards** (s. S. 126). Eine **Fahrt mit der Hochbahn** (zum Beispiel mit Brown, Purple, Pink oder Orange Line) um den Loop und damit sozusagen „über den Dächern der Stadt“ ist gleichbedeutend mit einer gemütlichen Stadtrundfahrt.

Kostenlosen Kulturgenuss gibt es während der großen Festivals im Grant Park 18, zum Beispiel beim Blues oder beim Jazz Festival oder während des Taste of Chicago s. S. 84). Die auf mehreren Bühnen dargebotenen Konzerte sind kostenlos. Auch im Chicago Cultural Center 1 gibt es immer wieder Gratisveranstaltungen.

Chicago Greeter (s. S. 119) bietet kostenlose Touren durch bestimmte Stadtviertel bzw. den Millennium Park an.

Einige interessante **Sehenswürdigkeiten und Museen** wie Lincoln Park Zoo 34, National Museum of Mexican Art (s. S. 60) und Smart Museum of Art (s. S. 60) bieten Gratiseintritt oder sind zu bestimmten Zeiten kostenlos zugänglich.

Preiswert essen kann man in den ethnisch unterschiedlich geprägten Neighborhoods, zum Beispiel an der Argyle St./Uptown, im Humboldt Park oder in Pilsen.

Theatertickets zum halben Preis bietet Hot Tix (s. S. 73).

Weitere kostenlose oder preiswerte Attraktionen oder Erlebnisse finden sich auf der Website www.choosechicago.com/blog/free-cheap.

Unsere Literaturtipps

- **Bayne, Martha (Hrsg.):** „Rust Belt Chicago: An Anthology“ (2017). Eine Sammlung von Essays, Kurzgeschichten und Gedichten.
- **Boyle, T.C.:** „The Women“ (2009). Das Verhältnis des legendären Architekten Frank Lloyd Wright zu vier besonderen Frauen.
- **Cisneros, Sandra:** mexikanischstämmige Autorin aus Chicago, zu deren berühmtesten Werken „The House on Mango Street“ (1984) gehört. Zuletzt: „Martita, I Remember You“ (2021).
- **Cromie, Robert:** „The Great Chicago Fire“ (1993). Umfassende Einführung in das einschneidendste Ereignis der Stadtgeschichte.
- **Dreiser, Theodore:** „Sister Carrie“ (1900). Die Geschichte eines Mädchens vom Land, das in Chicago ihren amerikanischen Traum zu verwirklichen versucht.
- **Fehribach, Paul:** „Midwestern Food“ (2023). Der Chef des Big-Jones-Restaurants (s. S. 67) hat ein ganz besonderes Kochbuch verfasst. Neben den leckeren Rezepten – zumeist der deutschen Zuwanderer – machen Geschichten rund um die Küche und die Menschen der Region im Herzen der USA das Buch besonders lesenswert.
- **Hausmann, Friederike:** „Die deutschen Anarchisten von Chicago. Oder warum Amerika den 1. Mai nicht kennt“ (1998). Darstellung der Bedeutung deutscher Einwanderer bei der Entstehung der Gewerkschaften und zu Beginn des 20. Jh.
- **Larson, Erik:** „The Devil in the White City“ (2004). Packender Krimi um einen Serienmörder, der im Umfeld der Weltausstellung von 1893 sein Unwesen trieb.
- **McGovern Petersen, Laurie (Hrsg.):** „AIA Guide to Chicago“ (4. Aufl. 2022). Ein Muss für jeden Architekturfreund: Auf fast 650 Seiten sind die bedeutenden Bauten der Stadt von früher bis heute gelistet.
- **Paretsky, Sara:** mehrere Kriminalromane, startend mit „Indemnity Only“ (1982) bis „Overboard“ (2022). Teilweise deutsche Übersetzungen im Piper und im Goldmann Verlag.
- **Rowe, Mike:** „Chicago Blues: The City and the Music“ (1981). Erzählt die Kultur- und Musikgeschichte des Chicago Blues sowie die Rolle, die die Great Migration der Afroamerikaner aus dem Süden dabei spielte.
- **Sandburg, Carl August:** „Chicago Poems“ (1916), und „Abraham Lincoln“ (1926–39 in mehreren Teilen). Lesenswerte Gedichte über die Stadt am See und eine fesselnde Biografie über den US-Präsidenten.
- **Sinclair, Upton:** „The Jungle“ (1906). Faszinierende Geschichte über die Zustände im Schlachthofviertel, ein Klassiker der Chicagoer Literatur.
- **Taft, M. & Cozzolino R. (Hrsg.):** „Art in Chicago: A History from the Fire to Now“ (2018). Die vollständige Geschichte der bildenden Kunst vom Great Chicago Fire 1871 bis heute.
- **Terkel, Studs:** „Division Street: America“ (1967). Interessante und abstruse Geschichten aus der Feder des 2008 verstorbenen Journalisten und legendären Radiomoderators.
- **Turow, Scott:** Der ehemalige Staats- und Rechtsanwalt wurde durch Krimis wie „Aus Mangel an Beweisen“ (1990 mit Harrison Ford verfilmt) und zuletzt „Suspect“ (2022) bekannt.

rer erscheint, wird aber ein ungünstiger Wechselkurs zugrunde gelegt, der erhebliche Kosten verursachen kann. Deshalb sollte man Abhebungen immer in der Landeswährung vom eigenen Konto abbuchen lassen. Dann legt die eigene Bank den offiziellen Devisenkurs zugrunde.

Bargeld

Bargeld ist nur in wenigen Fällen nötig, etwa an Automaten (v. a. Quarter-Münzen). In Supermärkten und an Zapfsäulen kann mit Kreditkarte bezahlt werden.

Die amerikanische **Währungseinheit** ist der US-Dollar: $ 1 (one „buck") besteht aus 100 Cent (c).

- Münzen: Penny (1 c), Nickel (5 c), Dime (10 c), Quarter (25 c)
- Banknoten gibt es im Wert von $ 1, 5, 10, 20, 50, 100, 500 und 1000

Preise und Kosten

In einer Stadt wie Chicago bilden die **Hotelkosten** neben dem Flug den größten Teil der Ausgaben. Im Schnitt muss man in einem ordentlichen Mittelklassehotel in guter Lage mit einem Preis von etwa $ 200 für ein Doppelzimmer rechnen, Tophotels verlangen weit mehr.

Was die **Verpflegung** angeht, kommt man im Allgemeinen preiswert weg, sofern man nicht ständig in gehobenen Restaurants speist. In Diners, Pubs oder an Verkaufsständen isst man erheblich günstiger. **Eintrittspreise** entsprechen europäischem Niveau. Es gibt für Studenten und Senioren Ermäßigungen und gelegentlich an bestimmten Tagen beziehungsweise zu bestimmten Zeiten verbilligten oder freien Eintritt für alle.

Informationsquellen

Besucherinformation in der Stadt

2 [D5] **Macy's on State Street Visitor Information Center,** www.choosechicago.com. Hier gibt es Infos und Broschüren über die Stadt, Karten und Tickets für Veranstaltungen (s. S. 16).

189 [D5] **Millennium Park Welcome Center,** NW Exelon Pavilion, 201 E Randolph St., Tel. 01 312 7422963, tgl. 9–17 Uhr. Infos und kostenlose 45-Min.-Walking-Touren durch den Park mit Millennium Park Greeters (Mai–Okt. 13 Uhr).

Die Stadt in Print und Internet

- **www.choosechicago.com.** Offizielle Tourismusseite der City of Chicago (auch auf Deutsch) mit Infos aller Art (zu Hotels, Essen, Shopping, Events, Sights etc.).
- **www.chicago.gov.** Offizielle Website der Stadtverwaltung.
- **Chicago Magazine,** www.chicagomag.com (in Buchhandlungen und digital). Infos zu Leuten und Leben in der Stadt, Restaurantlisten, Events und Kultur.
- **Chicago Reader,** https://chicagoreader.com. Alle zwei Wochen erscheinende Zeitung mit Artikeln und Rubriken wie Musik, Kunst, Theater, Kino, Restaurants etc. Seit 1972 von der Chicago Tribune immer freitags herausgegeben und gratis in Läden, Cafés etc. ausliegend.
- **Chicago Tribune,** www.chicagotribune.com. Die Tageszeitung liefert viele aktuelle Infos zur Stadt, allerdings sind die Artikel oft nur für Abonnenten vollständig lesbar.
- **Choose Chicago,** www.choosechicago.com/plan-your-trip/visitor-resources. Das Tourismusamt bietet eine kostenlose Besucherbroschüre zum Download und einen Newsletter.
- **Time Out Chicago,** www.timeout.com/chicago. Digitales Magazin mit Veran-

staltungslisten („Things to do") zu kulturellen Aspekten (Clubs, Museen, Konzerte, Filme, Kinder, Musik, Sport, Theater etc.).

Chicago-Apps

- **Ventra App:** Wer viel mit dem ÖPNV unterwegs ist, sollte diese App nicht nur zum Ticketkauf, sondern auch für umfassende Informationen nutzen (kostenlos für iOs und Android, www.ventrachicago.com/app).
- **Open Table:** Infos über die Restaurantszene, Spezialitäten und Trends, zugleich Reservierungsplattform (kostenlos für iOS und Android, www.opentable.com/metro/chicago-restaurants).

Internet

Gratis-Internetzugang gibt es zum Beispiel in öffentlichen Parks wie dem Millennium Park (16) oder an Orten wie dem Chicago Cultural Center (1) und der Daley Plaza (6).

Die Internetnutzung ist in den meisten Hotels kostenlos möglich, zudem gibt es in fast allen **Cafés** und **Lokalen** sowie in den meisten **Buchläden** und in allen **Public Libraries** kostenlose **WLAN-Hotspots.**

104ch Abb.: mb

LGBT+

Chicago hat eine **lebhafte LGBT-Community.** In den 1930er-Jahren galt das schwarze Bronzeville genau wie das Bohème-Viertel um den Water Tower unter Homosexuellen als beliebte Adresse.

Heute hat sich die Szene v. a. in Chicagos North Side verlagert, speziell nach **Lakeview East/Northalsted** (35) (N Halsted St. zwischen Belmont Ave. und Addison St.) und **Andersonville** (Clark/Foster St.).

Interessant in „NoHa" ist der **Legacy Walk** entlang N Halsted zwischen Belmont Ave. and Grace St. Hier erinnern zehn regenbogenfarbige Pylonen-Paare an wichtige Persönlichkeiten und historische Ereignisse der queeren Community (https://legacyprojectchicago.org/legacy-walk).

Informationen und Treffs

- **190** [ci] **Center on Halsted,** 3656 N Halsted St., www.centeronhalsted.org, Tel. 773 4726469. Infostelle und Treff der Szene, angrenzend an einen großen Whole-Foods-Supermarkt, mit *info desk* und öffentlichen WCs.
- **www.choosechicago.com/explore/chicago-style/lgbtq** – auf der Tourismuswebsite von Chicago gibt es Tipps zu Clubs, Treffs, Hotels und Restaurants.
- **http://chicago.gopride.com** – Website mit Artikeln, Veranstaltungskalender etc.
- **www.windycitymediagroup.com/windycitytimes.php** – Windy City Times, LGBT-Wochenzeitung.
- **www.glhalloffame.org** – Website der Gay and Lesbian Hall of Fame.

Bunt wie die Bewohner des Viertels: Wandbild in der LGBT-Hochburg Northalsted (35)

MEIN TIPP

June Pride Month

Chicagos LGBT-Gemeinde feiert im Juni den Pride Month mit verschiedenen Veranstaltungen wie Konzerten, Shows, Ausstellungen, Volkslauf, BBQ etc. Höhepunkte sind das **Chicago Pride Fest,** ein großes Straßenfest auf der Halsted Street (Addison–Grace St.), und am letzten Sonntag im Juni die **Pride Parade,** ein Umzug von Broadway/Montrose Ave. bis Lincoln Park.

› **Informationen:** https://chicagopride.gopride.com

Kneipen und Clubs

191 [ci] **Fantasy Night Club,** 3641 N Halsted St., www.facebook.com/fantasychicago, Do.–So. geöffnet. Nightclub in Northalsted mit Rooftop Bar, eher männliches Publikum.

192 [ci] **Lark Bar,** 3441 N Halsted St., NoHa, https://larkchicago.com. Di.–Do. ab 17, Fr.–So. ab 11 Uhr. Verschiedene Cocktails, Pizza, Happy Hour und andere Specials. Sa./So. Drag Brunch.

› **Roscoe's** (s. S. 70). Liveunterhaltung mit DJs in Northalsted.

193 [ci] **Sidetrack,** 3349 N Halsted St., www.sidetrackchicago.com. Gilt als eine der besten gay bars in NoHa (eher männliches Publikum).

Maße und Gewichte

Längen

1 inch (in)	2,54 cm
1 foot (ft)	30,48 cm
1 yard (yd) (= 3 feet)	0,91 m
1 mile (= 1760 yards)	1,61 km

Hohlmaße

1 pint	0,47 l
1 quart (= 2 pints)	0,95 l
1 gallon (= 4 quarts)	3,79 l

Flächen

1 square inch	6,45 cm²
1 square feet	929 cm²
1 square yard	0,84 m²
1 acre	4046,80 m² (0,405 ha)
1 square mile (= 640 acres)	2,59 km²

Gewichte

1 ounce (oz)	28,35 g
1 pound (= 16 ounces)	453,59 g

Temperaturen

Umrechnungsschlüssel:
(Grad Fahrenheit - 32) x 0,56 = Grad Celsius, z. B.:

14 Grad F	-10 Grad C
23 Grad F	-5 Grad C
32 Grad F	0 Grad C
50 Grad F	10 Grad C
60 Grad F	15 Grad C
70 Grad F	21 Grad C
80 Grad F	27 Grad C

Medizinische Versorgung

Besonderen Risiken sind USA-Reisende nicht ausgesetzt, die Qualität des **Leitungswassers** ist gut. Erkältungen wegen der Temperaturunterschiede zwischen innen und außen – üblich ist **Vollklimatisierung** von Museen, Läden etc. – kann man durch entsprechende Kleidung vorbeugen.

Das Thema **Hygiene** wird in den USA großgeschrieben und WCs (*bathroom* oder *ladies'/men's room*) sind normalerweise sauber und leicht zu finden.

Den hohen **Arzt-, Medikamenten- und Krankenhauskosten** in Amerika steht ein hoch entwickeltes medizinisches System gegenüber. Schnelle und gründliche Behandlung ist gewährleistet, vorausgesetzt, man kann die eigene Zahlungsfähigkeit (z. B. durch Vorlage einer Kreditkarte) nachweisen.

Bei Praxisbesuchen ist im Allgemeinen sofort zu bezahlen. Gesetzliche Krankenkassen übernehmen die Kosten nicht, weswegen der Abschluss einer **Reisekrankenversicherung** dringend zu empfehlen ist.

Ärzte und Krankenhäuser

Health Care oder Family Centers sind Gemeinschaftspraxen, die ohne Termin und lange Wartezeiten *(walk-in)* helfen. Hausbesuche sind unüblich. Im **Notfall** ruft man die Ambulanz oder fährt zu einer Krankenhaus-Notaufnahme *(emergency room)*.

- **194** [D5] **Immediate Care,** 180 N Michigan Ave./Lake St., Tel. 312 2011234, www.michiganavenueprimarycare.com/immediate-care, Mo.–Fr. 8–16 Uhr. Walk-in-Arztpraxis in zentraler Lage.
- **195** [D3] **Northwestern Memorial Hospital,** 251 E Huron St., Tel. 312 9262000, Ärztevermittlung: Tel. 1 844 3446663. Nahe Water Tower/Mag Mile gelegene Klinik.
- **196 University of Chicago Medical Center,** 5841 S Maryland Ave./E 58th St. (Hyde Park), Tel. 1 888 8240200
- › **Emergency Dentist 24/7,** Tel. 773 8975803, http://emergencydentist247.com/locations/chicago-il. Zahnarzt-Notruf.

Apotheken

Reine Apotheken *(pharmacies)* sind selten, aber ein Grundsortiment an Arzneimitteln gibt es frei käuflich in **Supermärkten** und **Drugstores.** In Letzteren kann man an speziellen Schaltern auch ärztliche Verordnungen *(prescriptions)* für rezeptpflichtige Medikamente einlösen.

Oft 24 Stunden lang geöffnet sind z. B. die Filialen von Walgreens, CVB oder auch Osco Drugs.

- **197** [C7] **CVS,** 520 State St.
- **198** [ag] **Merz Apothecary,** 4716 Lincoln Ave., Tel. 773 9890900. Seit 1875 existierende deutsche Apotheke mit eigener Produktlinie.
- **199** [C3] **Walgreens (2),** 641 N Clark St., siehe auch S. 78

Mit Kindern unterwegs

Eine Metropole wie Chicago ist zwar nicht unbedingt der ideale Urlaubsort mit Babys oder Kleinkindern, aber selbst für die Kleinen gibt es eine Menge zu sehen und zu erleben. In den **öffentlichen Verkehrsmitteln** Chicagos dürfen Kinder bis 7 Jahre gratis fahren, von 7 bis 11 Jahren gilt der halbe reguläre Fahrpreis. Ein empfehlenswerter Spielplatz befindet sich im **Maggie Daley Park** (s. S. 29), mit Skaterbahn, Play Garden und Minigolfplatz.

Geeignete **Restaurants** sind z. B. Gino's East (s. S. 66) oder Garrett Popcorn (s. S. 78).

- **21** [G9] **Adler Planetarium:** u. a. Sky Show für Kinder und astronomische Geräte zum Ausprobieren (s. S. 34).
- **19** [E9] **Field Museum of Natural History:** Beliebt wegen des Skeletts des Tyrannosaurus Rex „Sue" und Abteilungen wie „Inside Sue's Head" und „Sue Discovery Digs" (Schaugrabungen) oder „Nature

Walk". Auch die Abteilungen über die Indianer, Afrika und Ägypten (Nachbau eines Pharaonengrabs) sowie „Underground Adventure" – die Welt aus Sicht eines Käfers – lohnen (s. S. 32).

20 [F9] **John G. Shedd Aquarium** und **Lincoln Park Zoo** 34: ein Aquarium mit begeisternden Vorführungen und ein Zoo, in dem immer etwas los ist (s. S. 34).

41 [S. 144] **Museum of Science and Industry:** Kinderbereiche und interaktive Abteilungen wie „The Farm", „Idea Factory" und „Colleen Moore's Fairy Castle" (Miniaturschloss), dazu Modelleisenbahnausstellung, Nachbau der Stadt um 1910, „Toy Maker 3000" (Spielzeugbau) und ein begehbares Modell des menschlichen Herzens (s. S. 51).

29 [G4] **Navy Pier:** Vergnügungsareal mit Riesenrad, Karussell, Ausflugsbooten, dem Chicago Children's Museum, IMAX-Theater, Spielearkade, Imbissständen und Lokalen. Im Sommer außerdem Feuerwerk (Ende Mai–Anfang Sept., Mi. 21, Sa. 22 Uhr, s. S. 42).

9 [B6] **Willis Tower** und **John Hancock Center** 28: zwei der weltweit höchsten Gebäude mit Aussichtsplattform (s. S. 21 und S. 41).

› **Fahrradtouren** (s. S. 117) mit einem Leihfahrrad sind aufgrund des gut ausgebauten Radwegenetzes auch mit Kindern ideal.

› **Weitere Infos** zu kinderfreundlichen Aktivitäten: www.choosechicago.com/articles/families oder www.choosechicago.com/articles/families/30-kid-friendly-things-to-do-in-chicago

Notfälle

Die **Notfallnummer** (Polizei, Krankenwagen, Feuerwehr) ist die **911.** Falls es sich um keinen Notfall handelt, ruft man die **311** an, dort erfährt man auch die zuständigen Polizeireviere. Bei Diebstahl (z. B. Reisepass oder Flugticket) oder sonstigen Verbrechen ist dort Anzeige zu erstatten.

Für die Ausstellung eines Ersatzreiseausweises ist die diplomatische Auslandsvertretung des Heimatlandes (s. S. 106) zuständig. Auch in anderen Notfällen, medizinischer oder rechtlicher Art, bemüht man sich dort, vermittelnd zu helfen.

200 [do] **Chicago Police Department,** 1718 S State St., Tel. 312 7454290

Sue und ihre Freunde begrüßen Kinder im Field Museum 19

Kartensperrung

Bei **Verlust der Debit-/Giro-, Kredit- oder SIM-Karte** gibt es für Kartensperrungen eine **deutsche Zentralnummer** (unbedingt vor der Reise klären, ob die eigene Bank bzw. der jeweilige Mobilfunkanbieter diesem Notrufsystem angeschlossen ist). **Aber Achtung:** Mit der telefonischen Sperrung sind die Bezahlkarten zwar für die Bezahlung/Geldabhebung mit der PIN gesperrt, nicht jedoch für das **Lastschriftverfahren mit Unterschrift.** Man sollte daher auf jeden Fall den Verlust zusätzlich **bei der Polizei zur Anzeige bringen,** um gegebenenfalls auftretende Ansprüche zurückweisen zu können.

In **Österreich** und der **Schweiz** gibt es keine zentrale Sperrnummer, daher sollten sich Besitzer von in diesen Ländern ausgestellten Debit- oder Kreditkarten vor der Abreise bei ihrem Kreditinstitut über den zuständigen Sperrnotruf informieren.

Generell sollte man sich immer die **wichtigsten Daten** wie Kartennummer und Ausstellungsdatum **separat notieren,** da diese unter Umständen abgefragt werden.

› **Deutscher Sperrnotruf:** Tel. +49 116116 oder Tel. +49 3040504050
› **Weitere Infos:** www.kartensicherheit.de, www.sperr-notruf.de

Fundstellen

Hat man etwas verloren oder liegen lassen, wendet man sich entweder an das entsprechende Taxi- oder Verkehrsunternehmen, die Mietwagenfirma, das Restaurant oder Hotel oder man erkundigt sich unter der **Telefonnummer 311** (City Services) bei der City of Chicago. Ein zentrales Fundbüro gibt es nicht.

Öffnungszeiten

In den USA gibt es **kein verbindliches Ladenschlussgesetz** und manchmal gilt sogar „24/7", Betrieb rund um die Uhr und täglich. Die Mehrzahl der Läden schließt jedoch um spätestens 20 Uhr und hat auch sonntags geschlossen, zumindest außerhalb des Stadtzentrums.

› **Kaufhäuser/Malls:** 10–19/20 Uhr, So. meist 11–18 Uhr
› **Restaurants:** ca. 12–14 und 17/18–21/22 Uhr warmes Essen
› **Supermärkte:** mind. 8–20 Uhr, manchmal bis Mitternacht oder rund um die Uhr
› **Bürozeiten:** Mo.–Fr. 9–17 Uhr
› **Banken:** werktags 10–14/15 Uhr
› **Postämter:** Mo.–Fr. 8/9–17, Sa. bis 13/14 Uhr
› **Museen** und **Sehenswürdigkeiten:** 10–17 Uhr (meist an einem bestimmten Tag, oft montags, geschlossen und einmal wöchentlich verlängerte Abendöffnung)

Post

Die **Portogebühren** (Stand: Anf. 2024) für Karten und Standardbriefe bis 1 oz (28 g) nach Deutschland, Österreich und in die Schweiz betragen $ 1,50 (jedes weitere oz: 98 c). Die **Beförderungsdauer** beträgt ca. 5 bis 7 Tage.

Für Inlandspost (Standard oder „First Class") gilt: Briefe bis 1 oz (28 g) kosten 66 c, jedes weitere oz 24 c, Karten 51 c.

✉**201** [C6] **US Post Office,** 211 S Clark/W Adams St. Hauptpostamt an der Federal Center Plaza.

[›] *Fahrradfahren wird in Chicago großgeschrieben*

Radfahren

Radfahren war in Chicago schon angesagt, als man es in anderen amerikanischen Städten noch für gefährlich hielt und davor warnte. Einzigartig ist das 2004 eröffnete **McDonald's Cycle Center Millennium Park.** Es ist v. a. für Berufspendler gedacht, die zeitsparend, gesund und umweltbewusst in die Stadt kommen wollen, es bietet aber auch Radverleih und Touren an. Die Radwege entlang dem Ufer des Michigan Sees, allein 5 km davon im Stadtzentrum, laden auch Besucher zum Radfahren ein. Touren zwischen Stadtmitte und Lincoln Park oder durch den Hyde Park und die Vororte sind mit Leihrädern gut zu bewältigen.

Die bekannteste Route ist der **Lakefront Trail**, der auch von Spaziergängern, Skatern und Joggern genutzt wird. Er zieht sich über rund 30 km entlang dem Ufer durch die Stadt und speziell der Abschnitt zwischen Museum Campus und Lincoln Park lohnt einen Besuch. Ein lohnendes Ziel für einen Radausflug ist der **Bloomingdale Trail** (The 606 42) in Wicker Park.

› **Infos** zum Radfahren und zu Radveranstaltungen in Chicago: www.chicago.gov/city/en/depts/cdot/provdrs/bike/svcs/bikeways.html

S202 [E5] **McDonald's Cycle Center,** 239 E Randolph St. (Millennium Park), Tel. 312 7291000 (gratis), Mo.–Do. 10–18, Fr.–So. 9–19 Uhr, im Sommer länger. Fahrradstellplätze, Reparaturdienst, Duschen, Schließfächer, Shop, Café, Infos und Karten. Touren und Fahrradverleih durch das angeschlossene **Bike & Roll Chicago,** Tel. 312 5959600, https://bikechicago.com. Filiale u. a. am Navy Pier 29.

› **Divvy,** Mietfahrräder an über 600 Stationen in der Stadt. Tagespass $ 16,50, Infos: https://divvybikes.com.

Sicherheit

Chicago, die Stadt Al Capones, galt früher als kriminelle und gefährliche Stadt, doch diese Zeiten sind vorbei, zumindest wenn man sich nicht in besonders arme Stadtviertel begibt (die touristisch ohnehin nicht von Interesse sind und deshalb in diesem Guide nicht näher beschrieben werden) und gewisse Situationen meidet.

Wie in jeder anderen Großstadt ist davon abzuraten, Handtaschen, Fotoausrüstungen, dicke Brieftaschen (womöglich in der Gesäßtasche) und kostbaren Schmuck **offen zur Schau zu stellen. Bargeld** sollte man nur in kleineren Mengen mitführen. Kreditkarten sind die empfehlenswertere Alternative. Vorsicht vor Massenveranstaltungen und Menschenaufläufen, z. B. in öffentlichen Verkehrsmitteln oder bei Festivals: **Taschendiebstahl** ist eines der häufigsten Delikte. Die an den Straßen sitzenden *homeless people* (Obdachlose) stellen nor-

106ch Abb.: mb

malerweise keine Gefahr dar. In der **Hochbahn** ist es wichtig, die speziellen Sicherheitshinweise zu beachten und, vor allem bei Nachtfahrten, die kameraüberwachten Wartezonen aufzusuchen *(Off-hour waiting area).*

Sport

Für **aktive Sportler** ist mehr als genug geboten: Chicago nennt sich nicht umsonst „Urbs in Horto“ (latein.: Gartenstadt): Über 550 Parks, sechs Golfplätze, an die 800 Baseball- und Softballplätze, mehr als 200 Fußballfelder und über 5000 Bootsanlegeplätze stehen zur Verfügung. Die großen städtischen Parks, allen voran Lincoln, Grant und Jackson Park, verfügen über Fahrrad- und Joggingpfade, Golf- und Tennisplätze.

› **Infos zu den Parks** und ihrem Angebot: www.chicagoparkdistrict.com

An **Stränden** besteht ebenfalls kein Mangel, auch wenn sich das Badevergnügen auf die warmen Sommermonate beschränkt. Über 30 reihen sich entlang dem Ufer des Lake Michigan auf. Die stadtnächsten sind North Ave., Oak St. (s. S. 41), Ohio St. und 12th Street Beach. Nahe dem Lincoln Park, am Ende des La Salle Dr., bietet der **North Avenue Beach** Gelegenheit zu Strandaktivitäten wie Beachvolleyball, Inlineskating, Workout und Rollerhockey. Ebenfalls für Sportliche (auch Schwimmer) ist der **Ohio Street Beach** nahe dem Navy Pier 29 gut geeignet und am Ende des N Lake Shore Dr. befindet sich der **Kathy Osterman Beach** (ehemals Hollywood Beach), der ideal zum Volleyball- oder Frisbeespielen ist.

Wer möchte, kann den **Chicago River** im **Kajak** erkunden. Touren für Anfänger und Fortgeschrittene bietet:

› **Kayak Chicago,** Tel. 630 8529258, https://kayakchicago.com

•**203** [E4] **Urban Kayaks**, 435 E Riverwalk, https://urbankayaks.com, Kajakverleih und Touren

Zuschauersport

Beim **„spectator sport“** unterscheidet man in den USA zwischen Profi- und College-Sport.

Die erste Geige spielen natürlich die amerikanischen Nationalsportarten wie **Basketball** (Nov.–Mai), **Baseball** (Apr.–Okt.) und **American Football** (Sept.–Jan.) sowie **Hockey** (Eishockey, Okt.–Mai), aber auch **Soccer,**

051ch Abb.: mb

also Fußball, findet inzwischen immer mehr Anhänger.

- › **Chicago Bears,** Soldier Field (22), www.chicagobears.com, American Football/NFL, Spiele Sept.-Jan.
- S204 [an] **Chicago Blackhawks,** United Center, 1901 W Madison (West Side - United Center Express Bus 19 ab Mag Mile), www.nhl.com/black hawks, Hockey/NHL, Okt.-April/Mai
- S205 [an] **Chicago Bulls,** United Center (Details s. Chicago Blackhawks), www.nba.com/bulls, Basketball/NBA, Spiele Nov.-April/Mai
- › **Chicago Cubs,** Wrigley Field (36), 1060 W Addison, www.mlb.com/cubs, Baseball/MLB, Apr.-Okt.
- › **Chicago Fire,** Soldier Field (22), www.chicago-fire.com. Soccer/MLS, Apr.-Okt.
- S206 [dp] **Chicago Sky,** Wintrust Arena, 200 E Cermak Rd., am McCormick Place, https://sky.wnba.com. Frauen-Basketball/WNBA, Juni-Sept.
- › **Chicago White Sox,** Guaranteed Rate Field (39), www.mlb.com/whitesox, Baseball/MLB, Apr.-Okt.
- S207 **Chicago Wolves,** Allstate Arena, 6920 Mannheim Rd., Rosemont, Blue Line „Rosemont", dann Bus 221, www.chicagowolves.com. Minor League Hockey/AHL, Nov.-Apr.

Sprache

Ganz ohne **Englisch** kommt man in Chicago nicht aus, allerdings ist *small talk* auch mit kleinem Wortschatz möglich und die Erwartungshaltung der Amerikaner nicht hoch. Das Amerikanische weicht zum Teil vom Schulenglisch ab, es gibt Unterschiede bezüglich Wortschatz, Grammatik und Aussprache. Gewisse **Universalfloskeln** gehören zum guten Ton, z. B. „How are you (today)?" – die Frage nach dem Befinden, aber vor allem eine Begrüßungsformel. „Have a nice day/trip", dient der Verabschiedung, ebenso wie „It was a pleasure meeting you" oder „See you" (s. auch S. 130).

◁ Die Eishockey-Profis Blackhawks treten im United Center an

▷ Bustouren sind nur eine Möglichkeit, um die Stadt zu entdecken

Stadttouren

Zu Fuß oder auf Rädern

- › Touren des **Chicago Architecture Centers** (s. S. 120), www.architecture.org/tours. Informative Touren mit Architekturfokus.
- › **Chicago Food Tours** (s. S. 64)
- › **Chicago Greeter,** Anmeldung mind. 10 Tage vorher unter: https://chicagogreeter.com. Rund 200 ehrenamtliche Stadtführer zeigen Gästen gratis in Gruppen von bis zu sechs Personen bestimmte Stadtviertel (2-4 Std.). Es können beliebig Touren angefragt werden, z. B. durch Viertel wie Little Italy, Gold Coast, Pilsen und Chinatown oder zu speziellen Themen bzw. in Fremdsprachen. Außerdem starten u. a. vom Chicago Cultural Cen-

052ch Abb.: mb

MEIN TIPP

„ArchitekTouren"

Das **Chicago Architecture Center (CAC)** bietet nicht nur einen attraktiven Shop mit CAC Design Store (s. S. 37) und ein spektakuläres Stadtmodell, sondern ist v. a. Veranstalter zahlreicher interessanter Touren – zu Fuß, per Boot, Bus/Bahn oder Fahrrad – verschiedener Längen und Ausrichtung, von Überblicks- bis hin zu Spezialtouren. Besonders beliebt und immer schnell ausgebucht sind die **diversen Downtown-Touren** ($ 30) mit unterschiedlichem architektonischen Fokus. Eine empfehlenswerte Überblickstour heißt „Must-See Chicago". Auch mit dem L-Train lässt sich auf der Tour „Elevated Architecture" die Stadt gut erkunden. Zudem gibt es eine Bootstour:

- •**209** [D4] **CAC Architecture River Cruise,** 112 E Wacker Drive, Ecke Michigan Ave., www.cruisechicago.com, Tickets (im Sommer schnell vergriffen!) werden im CAC (s. S. 37) verkauft. 90-minütige Bootstour Ende Apr.–Ende Nov., je nach Jahreszeit unterschiedlich häufig, ab $ 54.

ter 1 aus der **InstaGreeter Service** (Fr.–So. kürzere Touren durch den Loop oder entlang dem Riverwalk ohne Voranmeldung und ebenfalls kostenlos).

- › **Bike & Roll Chicago** (s. S. 117). Verschiedene Fahrrad- und Segway-Touren.
- › **Bobby's Chicago Bike Hike,** Tel. 312 9150995, www.bobbysbikehike.com. Täglich verschiedene Touren, zum Beispiel Food, Beer oder Chicago River Tour per Fahrrad (oder zu Fuß) sowie Kinder- und Nachttouren (Anmeldung nötig).
- •**208** [E5] **City Segway Tours,** 400 E Randolph St., Tel. 312 8190186, www.chicagosegwaytour.com, Apr.–Okt. eine bis vier Touren tgl., ab $ 45.
- › **WOW Tours,** Tel. 773 9605470, https://wildonionwalks.com. Verschiedene zweistündige Touren ($ 45), z. B. Loop, Parks oder Mag Mile Tour, alle mit historischem Fokus und zugleich unterhaltsam.
- › **Walk Chicago Tours,** Tel. 708 5575400, http://walkchicagotours.com, ab $ 35. Spaziergänge durch verschiedene Viertel mit dem Chicagoer Original Terry Sullivan und anderen Tourguides.

107ch Abb.: mb

Bootstouren

- **City Experiences,** www.cityexperiences.com/chicago. Bekannt für elegante Dinner Cruises mit der „Odyssey" oder der „Spirit", mit Liveband und Tanz ab Navy Pier ㉙. Auch Brunch und Architectural Cruises.
- **210** [D4] **Mercury – Chicago's Skyline Cruiseline,** Tel. 312 3321353, https://mercurycruises.com. Abfahrt Südostecke der Michigan Ave. Bridge, z. B. Ende Apr.–Mitte Okt. mehrmals tgl. 90-Min. „Urban Adventure Cruise", ohne Voranmeldung, auch Nacht- und Spezialtouren.
- **211** [D4] **Wendella Sightseeing Boats/ Chicago Watertaxi,** 400 N Michigan Ave., Tel. 312 3371446, www.wendellaboats.com. 45-/90-minütige Chicago River Architecture Tour. Die Firma bietet zudem auch Water-Taxi-Fahrten auf dem Chicago River an (s. S. 128).

Telefonieren

Ein **area code, 312** (Downtown und Loop) bzw. im Großraum **773** oder überlappend **872,** geht der sieben- bzw. elfstelligen Rufnummer voraus und muss auch bei Ortsgesprächen mitgewählt werden. Manchmal ist es nötig, eine 1 vorzuwählen. Die Rufnummer kann auch als Buchstabenkombination **2 – ABC, 3 – DEF, 4 – GHI, 5 – JKL, 6 – MNO, 7 – PQRS, 8 – TUV, 9 – WXYZ** angegeben sein.

Gebührenfrei, aber regional begrenzt, sind Nummern, die mit 1-800, 844, 855, 866, 877, 888 beginnen; teuer sind jene mit 1-900.

◁ Die Stadt aus anderer Perspektive: vom Boot bei einer River Cruise

Landesvorwahlen

- **Deutschland:** 011 49
- **Österreich:** 011 43
- **Schweiz:** 011 41
- **USA:** 01

Mobile phone

Der Begriff „Handy" bedeutet auf Englisch „handlich" oder „geschickt" und wird nicht in Bezug auf Telefone verwendet. Man spricht stattdessen von **cell (phone), mobile** oder **smart phone.**

Wegen der **Roaming-Gebühren** im außereuropäischen Ausland sollte man bei seinem Netzbetreiber Infos über günstigere Auslandsdatenpakete einholen oder die Mobile-Daten-Option deaktivieren und nur über kostenlose WLAN-Netze online gehen. Bei längeren Aufenthalten kann der Kauf einer amerikanischen SIM-Karte, z. B. in einem Drugstore oder bei Simly (www.simlystore.com), sinnvoll sein.

Uhrzeit und Datum

Die Vereinigten Staaten sind in **vier Hauptzeitzonen** eingeteilt, die eine Verschiebung von der Mitteleuropäischen Zeit um 6 bis 9 Stunden bedeuten. Chicago gehört zur Central Time Zone und weist **7 Stunden Zeitverschiebung** (zurück/nach hinten) gegenüber MEZ auf.

In den USA wird bei der **Uhrzeit** nicht bis 24 durchgezählt, sondern bis 12. Die Zufügung von a.m. (ante meridiem) weist auf vormittags, p.m. (post meridiem) auf nachmittags hin. 12 Uhr mittags heißt *noon,* 0 Uhr *midnight.* Sommerzeit *(daylight saving time/DST)* herrscht in den USA vom zweiten Sonntag im März bis zum ersten im November.

Das **Datum** wird in der Reihenfolge Monat–Tag–Jahr angegeben, z. B. June 30, 2024 oder kurz 6/30/2024.

Unterkunft

In einer Stadt wie Chicago empfiehlt es sich, ein Zimmer **im Voraus zu buchen**, sei es über Reiseveranstalter oder Broker, im Internet oder im Reisebüro. Die **Auswahl** an Unterkünften in Chicago ist groß, die Preise gehoben. Die meisten Hotels liegen im Umkreis der Magnificent Mile, in River North, im Loop oder um den O'Hare Airport.

Der **Durchschnittspreis** pro Doppelzimmer und Nacht liegt in der Stadt bei etwa $ 250. Allein fürs **Parken** ist im Stadtzentrum zudem mit mindestens $ 50 pro Tag zu rechnen, außerdem kommt eine **Steuer von 17,4 %** dazu. Zusätzlich erheben mehr und mehr Hotels eine **Resort** bzw. **Facility Fee**, die meist $ 20–30 pro Tag/Zimmer beträgt. Sie beinhaltet i. d. R. WLAN-Zugang, Nutzung des Fitnessstudios und manchmal ein kleines Frühstück oder einen Kaffee/Drink. Vieles davon war vorher automatisch im Preis enthalten.

Preiskategorien

Die Kategorisierungen unten beziehen sich auf den ungefähren Durchschnittspreis für ein Doppelzimmer pro Nacht zuzüglich Steuern/Gebühren, meist ohne Frühstück.

$	bis $ 130
$$	$ 130–200
$$$	$ 200–300
$$$$	über $ 300

Bei der **Hotelsuche** können die folgenden Websites helfen:

- www.thechicagohotels.com/de
- www.choosechicago.com/plan-your-trip/find-hotels

Schicke Boutiquehotels

Ein Trend sind Boutiquehotels in historischen Skyscrapern wie das Virgin Hotels Chicago im 1928 Old Dearborn Bank Building, das London House Hotel im London Guarantee Building von 1923 (https://londonhousechicago.com), das The Alise im 1895 Reliance Building (www.thealisechicago.com), das Pendry Chicago im Carbide & Carbon Building von 1929 (www.pendry.com/chicago) oder das Robey Hotel im Coyote Building von 1929 (www.therobey.com).

212 [D3] **21c Museum Hotel** $$-$$$, 55 E Ontario St., Tel. 1 888 3459009, www.21cmuseumhotels.com/chicago. **Kunst im Hotel:** Neu und modern mit 297 Zimmern und Suiten nahe der Magnificent Mile. Mischung aus Boutiquehotel und Kunstausstellung.

213 [C5] **Allegro Royal Sonesta Hotel** $$$, 171 W Randolph/LaSalle St., Tel. 1 800 6431500, www.allegrochicago.com. **Moderne Eleganz:** Boutiquehotel im Theaterdistrikt mit über 500 gut ausgestatteten Zimmern, Weinstunde für Gäste, Bar und Restaurant.

214 [C3] **Eurostars Magnificent Mile** $$, 660 N State St., www.eurostarshotels.de/eurostars-magnificent-mile.html, Tel. 312 2026000. **Minimalistisch und alle Zimmer mit Fensterwand:** Die knapp über 200 Zimmer in diesem Boutiquehotel nahe der Magnificent Mile bieten Topausblick, sind schlicht und modern eingerichtet und zu einem erschwinglichen Preis buchbar. Spa-Bereich, Lokal, Dachbar.

215 [C4] **Kinzie Hotel** $$$, 20 W Kinzie St., Tel. 312 3959000, www.kinzieho

tel.com. **Häppchen inbegriffen:** Dieses trendige Boutiquehotel liegt zentral und bietet Gästen einen „Manager-Empfang" (Drinks/Büfett) am Abend und ein Frühstücksbüfett am Morgen. Die Zimmer sind groß und geschmackvoll ausgestattet.

216 [C5] **The Alise** $$-$$$, 1 W Washington St., www.thealisechicago.com, Tel. 312 9407997. **In altem Gemäuer:** Hotel im historischen Reliance Building mit 122 Zimmern. Günstige Frühbucherraten bei Onlinebuchung! Im Haus befindet sich das exzellente Atwood Café.

217 [D2] **Whitehall Hotel** $$, 105 E Delaware Pl., www.thewhitehallhotel.com, Tel. 312 9446300. **Boutiquehotel mit „Alte-Welt-Flair":** 221 bestens ausgestattete Zimmer und Suiten. Fitnesscenter u. a. Komfort. Tolle Lage nahe der Mag Mile.

Guter Standard

218 [D9] **Best Western Grant Park** $-$$, 1100 S Michigan Ave., Tel. 312 9222900, www.bwgrantparkhotel.com. **Ordentlich und erschwinglich:** 172 Zimmer gegenüber dem Grant Park, nahe Adler Planetarium und Field Museum. Mit Restaurant, Pool und Sonnendeck.

219 [C3] **Best Western River North Hotel** $-$$, 125 W Ohio St., Tel. 312 4670800, www.rivernorthhotel.com. **Super-Deal in günstiger Lage:** Kettenhotel im Zentrum des Geschehens mit 150 modern eingerichteten Zimmern, Pool, und Dachterrasse.

220 [D3] **Hotel Cass/Holiday Inn Express** $$, 640 N Wabash Ave., Tel. 312 7874030, www.casshotel.com. **Schlicht und sauber:** Hotel in guter Lage nahe der Mag Mile. 150 eher kleine, zweckmäßig eingerichtete Zimmer. Café im Haus und Parken erschwinglich.

221 [cj] **Hotel Versey** $-$$, 644 W Diversey Pkwy., Tel. 773 5257010, www.hotelversey.com. **124 Zimmer in einem historischen Bau von 1918:** Empfehlenswert sind vor allem die „Executive Rooms" mit Kühlschrank, Mikrowelle und Kaffeemaschine. Gute Lage, preiswert.

222 [C3] **Ohio House Motel** $-$$, 600 N LaSalle St., www.ohiohousemotel.com, Tel. 312 9436000. **Schlichter, sauberer Motelkomplex mitten in der Stadt:** 50 moderne Zimmer, Coffeeshop im Haus. Preiswertes Parken und kostenloses Frühstück bei Buchung über die Hotelwebsite.

Elegant und Edel

223 [D2] **Drake Hotel** $$$-$$$$, 140 E Walton Place, Tel. 312 7872200, www.thedrakehotel.com. **Glamouröse „Grande Dame":** Zu Silvester 1920 mit einem großen Ball eröffneter, glamouröser Treff von Stars, Adeligen und Politikern. Noch immer die „Grande Dame" der Hotels mit „Five O'Clock Tea" im Palm Court. Gut 600 edle Zimmer und Suiten, am schönsten sind die mit Seeblick!

224 [E5] **Fairmont Chicago** $$$$, 200 N Columbus Dr., Tel. 312 5658000, www.fairmont.com/Chicago. **Luxus mit Seeblick:** Modern und geschmackvoll ausgestattete große Zimmer, viele mit Ausblick auf den Millennium Park und den See. Zugehörig sind Restaurant, Spa und Bar.

225 [D6] **Palmer House Hilton** $$$$, 17 E Monroe St., Tel. 312 7267500, www.palmerhousehiltonhotel.com. **Schon ein Blick in die Lobby lohnt:** Historisches 4-Sterne-Hotel von 1871 mit beeindruckender Lobby und über 1600 Zimmern, Hallenbad und Fitnesscenter.

226 [G4] **Sable Hotel at Navy Pier Chicago** $$$$, 900 E Grand Ave., Tel. 872 7105700, www.hilton.com/en/hotels/chipiqq-sable-at-navy-pier-chicago. **Nobelhotel auf dem Navy Pier:** Eine der Top-Attraktionen Chicagos bietet seit 2020 auch ein Hotel – ein Haus der Curio

Collection von Hilton. Die vollverglasten Fensterfronten der 222 Gästezimmer und die Dachterrasse erlauben einen unvergleichlichen Blick über den Lake Michigan und die Skyline von Chicago.

227 [D4] **The Gwenn Hotel** $-$$, 521 N Rush St., Tel. 312 6451500, www.thegwenchicago.com. **Klein, aber mit exzellentem Service:** elegantes Hotel nahe der Mag Mile mit gemütlichen Zimmern und sensationell großen und gut ausgestatteten Bädern.

MEIN TIPP

Hotel St. Clair

Das Hotel St. Clair ist ein empfehlenswertes Stadthotel, bei dem der Preis stimmt. Im Herbst 2022 eröffnete es in einem **historischen Hotelbau** von 1926. Die gut 200 Zimmer sind klein, aber neu renoviert und modern ausgestattet. Das vor allem beim jungen Publikum beliebte Hotel liegt nur ein paar Schritte von der Mag Mile entfernt, es gibt ein Café und eine Bar sowie das mediterrane Lokal Nora im Haus.

232 [D3] **Hotel Saint Clair** $-$$, 162 E Ontario St., Tel. 312 4880135, www.thehotelsaintclair.com

108ch Abb.: mb

228 [D2] **Waldorf-Astoria** $$$$, 11 E Walton St., Tel. 312 6461300, http://waldorfastoria3.hilton.com/en/hotels/illinois/waldorf-astoria-chicago-CHIWAWA/index.html. **Moderner Standard mit historischem Flair:** Außen einem Palast gleichend, findet man im Inneren Topservice und allen Luxus. 188 Zimmer, Restaurant und Bar sowie Spa.

Nicht alltäglich

› **Longman & Eagle** $-$$ (s. S. 66), Tel. 773 2767110, www.longmanandeagle.com/sleep. **Kunst & Vibe:** Sechs künstlerisch gestaltete, ungewöhnliche Gästezimmer im OG des gleichnamigen Restaurants mit Bar. Nichts für Lärmempfindliche.

229 [ci] **Majestic Hotel** $-$$, 528 W Brompton Ave., Tel. 1 855 7782710, www.majestic-chicago.com. **Boutiquehotel mit Seeblick:** 52 Zimmer und Suiten mit geschmackvoller Ausstattung in Lincoln Park.

230 [E5] **Radisson Blu Aqua Hotel** $$$-$$$$, 221 N Columbus Dr., www.choicehotels.com/de-de/illinois/chicago/radisson-blu-hotels. **Grandiose Architektur:** ein topmodernes Hotel mit mehr als 300 Zimmern in verschiedenen Kategorien, teils mit Balkon, dazu großer Pool. Die Lage am Millennium Park ist zudem perfekt.

231 [D5] **Virgin Hotels Chicago** $$-$$$$, 203 N Wabash Ave., Tel. 312 9404400, https://virginhotels.com/chicago. **Neue, komfortable Raumkonzeption:** schicke, praktische Zimmer mit Luxus und Geschmack im zentral gelegenen Old Dearborn Bank Building untergebracht, mit Lokal, Café, Bar und DJ-Liveauftritten.

Im Hotel St. Clair lässt es sich nicht nur gut übernachten, sondern auch fein essen

Ruhig und persönlich

233 [bl] **Wicker Park Inn** $$$, 1329 N Wicker Park Ave., www.wickerparkinn.com, Tel. 773 4862743. **Bed & Breakfast:** neun schicke und modern ausgestattete Gästezimmer und ein gut ausgestattetes Apartment in einem ruhigen Viertel nahe der Milwaukee Ave. Rund 10 Min. zur nächsten Blue-Line-Bahnstation.

Preiswert und gesellig

234 [cj] **Chicago Getaway Hostel** $, 616 W Arlington Pl., Tel. 773 929 5380, www.getawayhostel.com. **Hippes, buntes und dazu umweltfreundliches Hostel in Lincoln Park:** Küchennutzung und Frühstück inkl. Es gibt Zimmer, teils mit eigenem Bad, und zwei Schlafsäle. Günstig für Familien oder Freundesgruppen.

235 [D3] **Freehand Chicago** $-$$, 19 E Ohio St., Tel. 312 9403699, http://freehandhotels.com/chicago. **Jugendlich-lebhaft und für den kleinen Geldbeutel:** Hostel nahe der Mag Mile mit eher kleinen, schlichten Zimmern und Schlafsaalbetten. Café – prima zum Frühstück! – und die sehr populäre Bar „The Broken Shaker" mit tollen Cocktails und DJ-Veranstaltungen.

236 [D7] **H.I. Chicago** $, 24 E Ida B. Wells Drive, Tel. 312 3600300 oder 1 800 9094776, www.hiusa.org/find-hostels/illinois/chicago-24-e-idabwells-drive. **Modernes, großes Hostel:** rund 500 Betten, meist Schlafsäle, aber auch Zweibettzimmer. Kostenloses Frühstück, mit Küche, keine Altersbegrenzung, ideale Lage im Loop.

Buchungsportale

Neben Buchungsportalen für **Hotels** (z. B. www.booking.com, www.hrs.de oder www.trivago.de) bzw. für **Hostels** (z. B. www.hostelworld.com) gibt es auch Anbieter, bei denen man **Privatunterkünfte** buchen kann. Portale wie www.airbnb.de oder www.wimdu.de vermitteln Wohnungen, Zimmer oder auch nur einen Schlafplatz auf einer Couch. Diese oft recht günstigen Übernachtungsmöglichkeiten sind nicht unumstritten, weil manchmal normale Wohnungen gewerblich missbraucht werden. Einige Städte greifen deshalb regulierend ein.

Verhaltenstipps

Auch in einer Großstadt wie Chicago gelten im alltäglichen Umgang die typisch amerikanischen Eigenschaften: Freundlichkeit, Hilfsbereitschaft, Diskretion und Disziplin. „Der Kunde ist König" und Vordrängen, Muffigkeit, Aggressivität und Hektik sind verpönt.

Do's und Don'ts – amerikanische Besonderheiten

- Das **Trinkgeld** *(tip/gratuity)* ist in den USA nicht inklusive und wird, da die Löhne im Dienstleistungsgewerbe gering sind, erwartet. Im Restaurant werden mind. 20 % vom Rechnungsbetrag erwartet, an der Bar ebenso. Für den Transport von Gepäck im Hotel sind $ 2 pro Gepäckstück angemessen, fürs Parken *(valet parking)* gibt man bei Bereitstellung des Wagens auch mindestens $ 2. Zimmermädchen und Taxifahrer erhoffen sich ebenfalls ein gutes Trinkgeld.
- **Alkohol** darf nicht an Personen unter 21 Jahren verkauft, ausgeschenkt und generell nicht in der Öffentlichkeit konsumiert werden.
- Chicago gibt sich im Allgemeinen leger („casual"), doch bei Restaurantbesuchen

(v. a. in Toplokalen) und in exklusiven Clubs gelten durchaus **Kleiderregeln.**

- Das **Händeschütteln** ist bei der Begrüßung eher unüblich, dafür werden altersunabhängig schnell die Vornamen benutzt.
- Die amerikanischen **Tischsitten** unterscheiden sich von den europäischen: Amerikaner schneiden mit dem Messer vor und benutzen dann nur noch die Gabel. Es würde keinem Amerikaner einfallen, Pizza oder Meeresfrüchte mit Messer und Gabel zu essen. Selbst in Toplokalen kann man sich Essensreste in eine Styropor-Box einpacken lassen.
- **Toiletten** nennt man nie *toilet,* sondern immer *restroom, ladies'/men's room, bathroom* oder *powder room.* Was im Deutschen **Handy** genannt wird, heißt in den USA *mobile* oder *cell phone,* bedeutet doch das Wort *handy* nichts anderes als „handlich", „praktisch" oder „geschickt".

Verkehrsmittel

Der gesamte öffentliche Nahverkehr in Chicago untersteht der **RTA**, der **Regional Transportation Authority.** Sie besteht aus **CTA** (städtische Busse/Bahnen), **Pace** (Busse im Chicagoland) sowie **Metra** (Nahverkehrszüge). Bisher kooperieren tariftechnisch lediglich CTA und Pace.

- **RTA Travel Information,** Tel. 312 8367000, www.rtachicago.org. Infos zu Routen, Fahrplänen und Tickets.

Hoch-/U-Bahn und Bus

CTA, die **Chicago Transit Authority,** betreibt **Busse** und **Bahnen.** Im Allgemeinen verkehren die Fahrzeuge vom frühen Morgen bis zum späten Abend alle 5 bis 20 Minuten, einige auch die ganze Nacht hindurch (dann im Halbstundentakt). Die acht Bahnlinien fahren teils als Hochbahnen, sog. **Elevated Train Lines** (kurz „El", „L" oder „The Elevated"), teils als U-Bahnen *(subways).* Red und Blue Line verlaufen im Stadtzentrum unterirdisch, alle anderen überirdisch. Die Linien im Einzelnen:

- **Blue Line** (Flughafen O'Hare – Downtown – Forest Park)
- **Brown Line** (Kimball – Loop)
- **Green Line** (Harlem/Lake – Loop – Ashland/East 63rd bzw. Cottage Grove)
- **Orange Line** (Flughafen Midway – Loop)
- **Purple Line** (Evanston Shuttle/Linden – Howard bzw. wochentags zu Stoßzeiten Express zum Loop)
- **Red Line** (Howard – Downtown – 95th/Dan Ryan)
- **Pink Line** (54th/Cermak – Loop)
- **Yellow Line** (Howard – Skokie)
- **Allgemeine Infos:** www.transitchicago.com, Tel. 1 888 9687282 oder 312 8367000

Tarife

Bei Zahlung mit einer aufladbaren Plastikkarte (Ventra Card) kostet eine Fahrt im gesamten Streckennetz $2,25 (Bus) bzw. $2,50 (Bahn) pro **Einzelticket.** Mit Single-Trip Ticket (3 Fahrten in 2 Std. außer Flughafen) zahlt man $3 bzw. bei Barzahlung in Bussen (genau abgezählt) $2,50. Eine **Fahrt zum Flughafen** kostet $5.

Die **Ventra Cards** – wiederaufladbare Plastikkarten (einmalige Gebühr $5) – sind an Automaten in den größeren Stationen oder bei Verkaufsstellen, z. B. in Walgreens- oder Jewel-Osco-Märkten, erhältlich. Einzel- und Tagestickets sind weiterhin aus Papier und kosten keinen Aufpreis. Für Besucher ideal ist der 1- oder 3-Day-CTA/Pace-Pass, den man für $5 bzw. $15 kaufen kann. Den 3-Tages-Pass gibt es allerdings nur in der Plastikversion, daher muss man hier einmalig die zusätzlichen $ 5 dazurechnen. An der Eingangsschranke wird an einem Scanner automatisch die Gebühr abgebucht. Alternativ kann man Tickets auch über die **Ventra-App** (s. S. 112) via Apple Pay bzw. Google Pay kaufen.

› **Ticket-Infos:** www.transitchicago.com/fares und www.ventrachicago.com

Busse im Umland

Pace Suburban Bus Service betreibt Busse ins Umland *(suburban buses)*, die mit CTA-Bussen kooperieren und die Nummern von 200 aufwärts tragen. Es gelten dieselben Ventra Cards bzw. Multi-Day Passes, man kann in Bussen allerdings auch noch mit Münzen (genauer Betrag) bar zahlen. CTA-Tageskarten gelten nicht (nur Wochen- und Monatskarten).

› **Infos:** www.pacebus.com

Nahverkehrszüge

Metra verbindet die Stadt mittels moderner Nahverkehrszüge mit dem Chicagoland. Elf Linien fahren regelmäßig in die Vororte und in nahe Städte wie Aurora, Elgin, Joliet, Waukegan usw. Das Tarifsystem von Metra ist streckenabhängig (Zonensystem) und CTA-Tickets werden nicht anerkannt. Fahrkarten gibt es an Automaten in Metra-Bahnhöfen oder im Zug selbst mit Aufschlag.

•**237** [D5] **Millennium Station,** 151 E Randolph St./Ecke Michigan Ave.

•**238** [A6] **Ogilvie Transportation Center,** 500 W Madison St.

› **Infos:** https://metra.com

Die **South Shore Line** verbindet Chicago (Millennium Station/Randolph St.) mit den Stränden im Norden Indianas (eigene Tickets).

› **Infos:** https://mysouthshoreline.com

Taxis

Die Taxi-Tarife (Stand: Anfang 2024) setzen sich aus einem **Grundpreis** von $ 3,25 plus $ 2,40 pro Meile zusammen. Jede weitere Person kostet $ 1 extra. Zur Gesamtsumme sollte man zudem mind. 15 % **Trinkgeld** addieren. Taxis halten, sofern frei, auf Winken an.

Verbreitet sind außerdem die Fahrdienste **Uber** und **Lyft**, die über die entsprechenden Apps bestellt werden können. Die Preise schwanken je nach Auslastung, Tag, Events, Tageszeit etc.

Zuverlässig und praktisch: die Elevated Trains

055ch Abb.: mb

Water Taxis

- **Chicago Water Taxi,** www.chicagowatertaxi.com. Pendelverkehr auf dem Chicago River zwischen Mag Mile (Trump Tower), Ogilvie/Union und Chinatown, 3 Haltestellen, saisonal unterschiedliche Zeiten, Einzelfahrt $ 6, Zehnerkarte $ 25.
- **Shoreline Water Taxi,** https://shorelinewatertaxi.com. Preise je nach Saison unterschiedlich, Abfahrt ab Navy Pier 29.

Versicherungen

Eine **private Auslandskrankenversicherung** ist in den USA unverzichtbar. Die Kosten für eine Behandlung wird von den gesetzlichen und auch etlichen privaten Krankenversicherungen in Deutschland und Österreich (Schweizer sollten nachfragen!) nicht übernommen. Am günstigsten sind Jahres bzw. Familienkrankenversicherungen. Zur Erstattung der Kosten benötigt man ausführliche Quittungen.

Zu prüfen ist die Notwendigkeit **anderer Versicherungen.** Reiserücktritts-, Gepäck-, Reisehaftpflicht- oder Reiseunfallversicherung enthalten viele Ausschlussklauseln und zudem sind gewisse Schäden und Verluste oft bereits durch normale Privathaftpflicht- oder Unfallversicherungen abgedeckt. Auch in manchen (Gold-) Kreditkarten sind bestimmte Versicherungen enthalten.

Wetter und Reisezeit

Chicago ist ein **ganzjähriges Reiseziel,** obwohl **extremes Klima** herrscht, das v.a. im Winter unangenehm sein kann. Am besten bereist man die Stadt in der Zeit von **Mai bis Oktober,** wobei in einer Stadt wie Chicago das Wetter nicht die entscheidende Rolle spielt. Schließlich gibt es genügend Alternativen zu Aktivitäten im Freien, z.B. Museumsbesuche. Die gemäßigten Temperaturen im späten **Frühjahr** und im **Herbst** mit 15 bis 20 °C sprechen für eine Reise im Mai/Juni bzw. Sept./Okt. Die **klimatisch beständigste Zeit** ist der Spätsommer bzw. Frühherbst. Dann herrscht angenehmes Wetter mit stabiler Hochdruckwetterlage. **Sommertemperaturen** von 30 °C tagsüber und um die 18 °C nachts sind die Regel, die Quecksilbersäule kann sogar auf 40 °C steigen. Im **Winter** hingegen fallen die Temperaturen deutlich unter 0 °C und Schnee (schwerpunktmäßig Jan.–März) ist häufig. Blizzards können das Leben zum Erliegen bringen, da in Chicago immer **Wind** weht. Er kann aus allen Richtungen kommen, im Winter und Frühjahr meist aus Westen und Norden, im Sommer und im Herbst aus dem Süden und Südwesten.

Ausstellung von Quilts im American Writers Museum (s. S. 58)

Durchschnitt	Wetter in Chicago											
Maximale Temperatur	0°	1°	7°	15°	21°	27°	29°	29°	24°	18°	9°	2°
Minimale Temperatur	–8°	–7°	–2°	5°	10°	16°	18°	18°	13°	8°	0°	–6°
Regentage	8	8	9	9	8	9	8	8	8	7	8	9
	Jan	Febr	März	Apr	Mai	Juni	Juli	Aug	Sept	Okt	Nov	Dez

ANHANG

109ch Abb.: mb

Kleine Sprachhilfe Amerikanisch

Für einen tieferen Einstieg in die amerikanische Sprache seien an dieser Stelle die Reisesprachführer „Amerikanisch – Wort für Wort“ (Kauderwelsch-Band 143) und „American Slang“ (Kauderwelsch-Band 29) aus dem Reise Know-How Verlag empfohlen.

Begrüßung und Höflichkeit

Guten Morgen	*Good morning* (bis mittags)
Guten Tag	*Good afternoon* (ab mittags)
Guten Abend	*Good evening*
Gute Nacht	*Good night*
Auf Wiedersehen	*Good bye/Bye-bye/ See you* (umgangssprachlich)
Willkommen!	*Welcome!*
Mein Name ist ...	*My name is ...*
Wie heißen Sie?	*What's your name?*
Schön Sie/Dich kennenzulernen/zu sehen.	*Nice/Good to see you.*
Entschuldigen Sie ...	*Excuse me, please, ...* (bei Fragen)
Verzeihung!	*Sorry/Pardon me!*
Bitte	*Please* (bei Fragen, Bitten)
Danke	*Thank you/Thanks*
Bitte, gern geschehen	*You are (very) welcome*
Könnten Sie mir bitte sagen ...	*Could you, please, tell me ...*

Allgemeine Fragen und Wendungen

Ich bin/Wir sind ...	*I am .../We are ...*
Das ist/sind ...	*This is/These are ....*
Wo ist/sind ...?	*Where is/are ...?*
Wo kann ich ... bekommen?	*Where can I get ...?*
Was ist das?	*What's that?*
Haben Sie ...?	*Have you got ...? I am looking for ...*
Wie viel kostet ...?	*How much is ...?*
Ich verstehe nicht.	*I don't understand.*
Sprechen Sie Deutsch?	*Do you speak German?*
Wie heißt das auf Englisch?	*What's that in English?*
vielleicht	*perhaps, maybe*
wahrscheinlich	*probably*
Ist es möglich ...?	*Is it/Would it be possible ...?*
Wer?	*Who?*
Was?	*What?*
Wie?	*How?*
Wie viel(e)?	*How much?* (Menge) *How many?* (Anzahl)

+++ Die wichtigsten Wörter mit dem Bonus-Audiotrack des Kauderwelsch-

Zeit

Wie spät ist es?	*What time is it?*
Es ist 10 Uhr	*It's 10 a.m. (ante meridiem)*
Es ist 22 Uhr	*It's 10 p.m. (post meridiem)*
Mittag/Mitternacht	*noon/midnight*
heute	*today*
morgen	*tomorrow*
gestern	*yesterday*
morgens	*in the morning*
nachmittags	*in the afternoon*
abends	*in the evening*
früh/früher	*early/earlier*
spät/später	*late/later*

Wochentage

Montag	*Monday*	Freitag	*Friday*
Dienstag	*Tuesday*	Samstag	*Saturday*
Mittwoch	*Wednesday*	Sonntag	*Sunday*
Donnerstag	*Thursday*	Feiertag	*holiday*

Geldangelegenheiten

Geld, Kleingeld, Bargeld	*money, change, cash*
1 Dollar ($)	*„buck" (100 cent)*
1/5/10/25 Cent (c.)	*penny/nickel/dime/quarter*
Tausender	*grand*
Geldautomat	*ATM (automated teller machine)*
Kreditkarte	*credit card*
Reisescheck	*travelers cheque/check*
Ausweis	*ID (identification papers/card), passport*
Steuer	*tax*
Gebühr	*fee*

Unterwegs

Wie weit ist es bis ...?	*How far is it to ...?*
Ist das der richtige Weg nach ...?	*Is this the right way to ...?*
Nord, Süd, Ost, West	*north, south, east, west*
links, rechts	*left, right*
geradeaus, zurück	*straight (ahead), back (to)*
Ampel, Kreuzung	*traffic light(s), junction*
Auto/Mietwagen	*car, vehicle/rental car*
Autovermietung	*car rental station*

Lastwagen	*truck*
Motorrad	*motorcycle, bike*
Benzin	*gas*
Tankstelle	*gas station*
Führerschein	*driver's license*
Panne/Pannenhilfe	*breakdown/roadside assistance*

Öffentliche Verkehrsmittel

Fahrkarte	*ticket*
Tageskarte	*day pass*
einfache Fahrt	*one-way trip*
hin und zurück	*round trip*
Schienenverkehr (Tram, U-/S-Bahn)	*light rail*
Straßenbahn	*tram, streetcar*
U-Bahn	*subway, metro*
(Bus-)Bahnhof/-Haltestelle	*(bus) station/stop*
Eisenbahn/Bahnhof	*railroad/railroad station*
Schiff/Fähre	*boat/ferry*

Unterkunft

Haben Sie ein Zimmer frei?	*Any vacancy? Do you have a room available?*
Zimmer frei/besetzt (Schilder)	*Vacancy/No vacancy*
Reservierung	*reservation*
Einzel-/Doppelzimmer	*single/double room*
... mit einem Bett/	*... with one (king-size)/*
... mit zwei Betten	*... two (queen-size) beds*
... mit Frühstück	*... breakfast included*
Badezimmer	*bathroom*
Dusche, Badewanne	*shower, bathtub*
WC	*bathroom, restroom, ladies'/men's room*
behindertengerecht	*handicapped accessible/ handicap-accessible*
Aufzug, Treppe, Rolltreppe	*elevator, stairs, escalator*
Stockwerk	*floor*
Parterre/erster Stock	*ground oder auch first floor/second floor*

Essen und Trinken

Speisekarte	*menu*
Ich möchte ... bestellen	*I would like (to order) .../I will take ...*

Rechnung	*check*	Mittagessen	*lunch*
Tagesgericht	*daily special*	Abendessen	*dinner/supper*
Vorspeise	*appetizer*	Bedienung	*waiter/waitress*
Hauptgericht	*entree/entrée*	Trinkgeld	*tip, gratuity*
Nachspeise	*dessert*	essen	*to eat*
Frühstück	*breakfast*	trinken	*to drink*

Das ist
noch nicht alles!
Mehr Reise Know-How gibt es hier:
www.reise-know-how.de
@ReiseKnowHow
@reiseknowhowverlag
@Reise_KnowHow
auf www.reise-know-how.de
für den Newsletter anmelden
Zugspitze, Foto: Aneta Niemitz
Reisen mit Know-How

Register

Impressum

Margit Brinke, Peter Kränzle

CityTrip Chicago

3., neu bearbeitete und aktualisierte Auflage 2024

ISBN 978-3-8317-3808-3

Printed in Germany

Druck und Bindung:
mediaprint solutions GmbH, Paderborn

Herausgeber: Klaus Werner
Layout: amundo media GmbH (Umschlag, Inhalt), Peter Rump (Umschlag)
Lektorat: amundo media GmbH
Karten: Ingenieurbüro K. Wendler, amundo media GmbH
Anzeigenvertrieb: KV Kommunalverlag GmbH & Co. KG, Alte Landstraße 23, 85521 Ottobrunn, Tel. 089 928096-0, info@kommunal-verlag.de
Kontakt: Osnabrücker Str. 79, 33649 Bielefeld, info@reise-know-how.de

Alle Angaben in diesem Buch sind gewissenhaft geprüft. Preise, Öffnungszeiten usw. können sich jedoch schnell ändern. Für eventuelle Fehler übernehmen Verlag wie Autoren keine Haftung.

Bildnachweis

Umschlagvorderseite: ©SeanPavonePhoto, stock.adobe.com | Umschlagrückseite: ©Lisa Mckown, dreamstime.com | Umschlagklappe rechts: ©Adam Alexander, Choose Chicago
Soweit ihre Namen nicht vollständig am Bild vermerkt sind, stehen die Kürzel an den Abbildungen für die folgenden Fotografen, Firmen und Einrichtungen. Margit Brinke: mb | R. Steffen: rs

Liste der Karteneinträge

Hier nicht aufgeführte Nummern liegen außerhalb der abgebildeten Karten. Ihre Lage kann aber wie die von allen Ortsmarken im Buch mithilfe der Web-App angezeigt werden (s. S. 143).

Auch im Regen Gentlemen: Die Gentlemen Statues vor der AMA Plaza [D4]

110ch Abb.: mb

Zeichenerklärung

10	Hauptsehenswürdigkeit, fortlaufend nummeriert
[A6]	Verweis auf Planquadrat im Kartenmaterial
	Arzt, Apotheke, Krankenhaus
	Bar
	Bed and Breakfast
	Bibliothek
	Biergarten, Kneipe
	Café
†	Friedhof
	Galerie
	Geschäft, Kaufhaus, Markt
	Hotel, Unterkunft
	Imbiss
	Informationsstelle
	Jugendherberge
	Kirche
	Museum
	Musikszene, Disco, Club
P	Parkplatz/-haus
	Polizei
	Post
	Restaurant
★	Sehenswürdigkeit
●	Sonstiges
S	Sporteinrichtung, Thermalbad
✡	Synagoge
	Theater
	Turm
	Vegetarisch
	Weinlokal
cta	Elevated Train Lines/Subway
M	Metra Lines (S-Bahn)
	Shoppingareal
	Gastro- und Nightlife-Areal
	Stadtspaziergang (s. S. 12)

Chicago mit PC, Smartphone & Co.

QR-Code auf dem Umschlag scannen oder **www.reise-know-how.de/citytrip/chicago24** eingeben und die **kostenlose Web-App** aufrufen (Internetverbindung zur Nutzung nötig)!

★**Anzeige der Lage und Satellitenansicht aller** beschriebenen Sehenswürdigkeiten und weiteren Orte
★**Routenführung** vom aktuellen Standort zum gewünschten Ziel
★**Exakter Verlauf** des empfohlenen Stadtspaziergangs
★**Audiotrainer** der wichtigsten Wörter und Redewendungen
★**Updates** nach Redaktionsschluss

GPS-Daten zum Download

Die GPS-Daten aller Ortsmarken und des Spaziergangs stehen auf der Produktseite des Titels auf www.reise-know-how.de zum Download zur Verfügung.

Stadtplan für mobile Geräte

Um den Stadtplan auf Smartphones und Tablets zu nutzen, empfehlen wir die App „Avenza Maps" der Firma Avenza™. Über die Funktion „Store" kann die „Citymap Chicago 2024" kostenlos geladen werden.

Die Information über und die Bereitstellung von digitalen Zusatzinhalten (z. B. Web-App, Links, GPS-Tracks o. Ä.) ist eine freiwillige Zusatzleistung des Verlages, auf die kein Anspruch besteht und für deren Richtigkeit aufgrund der Veränderlichkeit solcher Informationen auch nicht gehaftet werden kann. Insbesondere behält sich der Verlag deshalb vor, die Bereitstellung und die Zugriffsmöglichkeit zeitlich zu befristen und den Zugriff hierauf auch vorfristig abzuschalten.

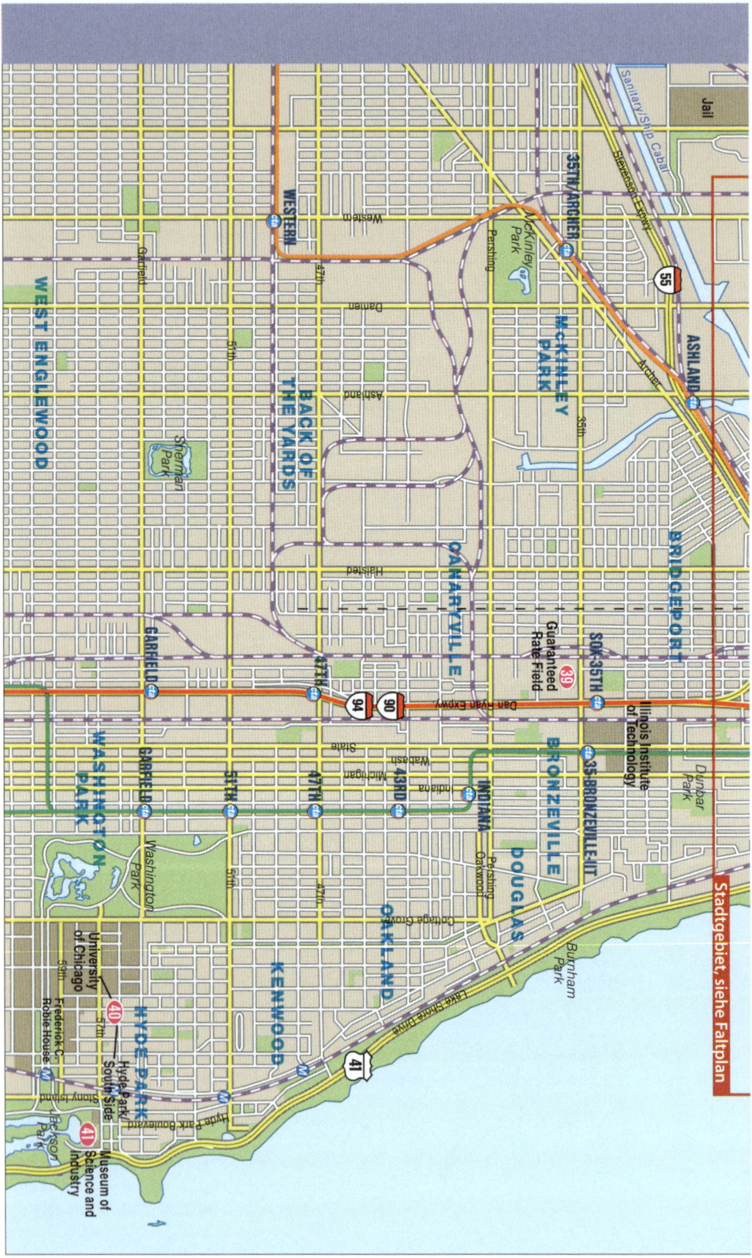

Jail
Sanitary/Ship Canal
Stevenson Expwy
55
ASHLAND
Archer
35TH/ARCHER
McKinley Park
MCKINLEY PARK
35th
Pershing
Western
WESTERN
47th
Damen
Ashland
BACK OF THE YARDS
Garfield
WEST ENGLEWOOD
51th
Sherman Park
BRIDGEPORT
Halsted
CANARYVILLE
SOX-35TH
39
Guaranteed Rate Field
Illinois Institute of Technology
Dunbar Park
Dan Ryan Expwy.
90
94
47TH
GARFIELD
State
Wabash
Michigan
43RD
Indiana
INDIANA
35-BRONZEVILLE-IIT
BRONZEVILLE
DOUGLAS
Pershing
Oakwood
Cottage Grove
OAKLAND
KENWOOD
51TH
47th
WASHINGTON PARK
Washington Park
Burnham Park
Lake Shore Drive
41
Stadtgebiet, siehe Faltplan
HYDE PARK
University of Chicago
40
57th
59th
Hyde Park/South Side
Frederick C. Robie House
Stony Island
Hyde Park Boulevard
Jackson Park
41
Museum of Science and Industry